中國學術思想 研究輯刊

十一編

林慶彰 主編

第 25 冊

王通儒學思想及其在學術史上的意義

鍾永興 著

花木蘭文化出版社

國家圖書館出版品預行編目資料

王通儒學思想及其在學術史上的意義／鍾永興 著 — 初版 —
新北市：花木蘭文化出版社，2011〔民100〕
目 2+162 面；19×26 公分
（中國學術思想研究輯刊 十一編；第 25 冊）
ISBN：978-986-254-471-6（精裝）
1.（隋）王通 2.學術思想 3.儒學
030.8 100000803

中國學術思想研究輯刊
十一編　第二五冊　　　　　　ISBN：978-986-254-471-6

王通儒學思想及其在學術史上的意義

作　　者　鍾永興
主　　編　林慶彰
總 編 輯　杜潔祥
出　　版　花木蘭文化出版社
發 行 所　花木蘭文化出版社
發 行 人　高小娟
聯絡地址　新北市永和區中正路五九五號七樓之三
　　　　　電話：02-2923-1455 ／傳真：02-2923-1452
網　　址　http://www.huamulan.tw 信箱 sut81518@ms59.hinet.net
印　　刷　普羅文化出版廣告事業
封面設計　劉開工作室
初　　版　2011 年 3 月
定　　價　十一編 40 冊（精裝）新台幣 62,000 元　　　　版權所有·請勿翻印

王通儒學思想及其在學術史上的意義

鍾永興　著

作者簡介

鍾永興，桃園縣人，私立銘傳大學應用中國文學系碩士班畢業，現為天主教輔仁大學中國文學系博士候選人。現職：銘傳大學應用中國文學系兼任講師、輔仁大學全人教育課程中心兼任講師。研究領域目前以儒家思想、程朱理學為主，旁及易學、清代學術。曾發表：〈從「人倫」、「事理」、「物類」三端探討先秦儒學之發揚進路〉、〈試論《周易》「致用之變」──原典與詮釋〉、〈「經之流變，必入於史」一章實齋「史學文」之研究〉〈黃宗羲之「理學反動」與「政教思想」〉等單篇論文。

提　　要

　　王通，字仲淹，諡曰「文中子」。其傳世作品為《中說》，《中說》在前人考證之下，認為此書並非偽書，但其間恐有後人穿鑿附益之嫌。王通另有《續六經》之作，可惜皆已亡佚。王通為隋代大儒，其一生尊崇周孔，以匡復儒學為己志，慨然有弘道濟世之心。南北朝以來中原板蕩，政治情勢紛擾，社會弊端叢生，在學術與思想上，儒學日漸衰微，佛老思想盛行，王通儒學思想在此種環境背景下創生，實具有特殊的學術價值與時代意義。王通儒學思想既重視道德修養，亦強調以「儒術」重建人倫秩序之和諧，是故「政教得失」始終是王通所關切的議題。「內聖外王」是儒家思想的一體兩面，王通儒學無非也是以「內聖」的道德思想為「體」，以「外王」的政治、教化為「用」。王通儒學思想論述了仁、性等儒家原始義理，他又首創「中道」思想，以此進一步闡發儒家的道德觀念。他析論天、地、人三才之間的密切關係，強調天命必與德性相應的道德思維，並反對漢代以來迷信讖緯的天命觀點。王通的政治觀以闡明王道為重心，在文化意識先於種族意識的前提下，他奉北魏孝文帝之政權為正統。王通提出一系列相關於政教得失的實際舉措，意欲將「儒術」確實地貫徹施行，藉政教的力量使儒家思想普及於社會民間。王通在文學觀上，反對南朝那種綺麗委靡的文學風氣，他認為文學之本質應在於貫道、濟義。對於佛道兩家的看法，王通站在儒家立場而言雖不甚贊同，但提出「三教可一」之獨特觀點，其立意不在於融合三教，而是以務實性的態度尊重佛老學說，目的是防止三教思想間的惡鬥。王通儒學脫離以往經學注疏的風氣，他著重儒學「經世」、「務實」的實際效益，強調「儒學思想」與「政教施為」的緊密結合。文中子之學在中晚唐以來逐漸受到儒者的青睞，宋朝之時更一度蔚為顯學，仰慕文中子的有范仲淹、柳開、石介、陳亮等人，而朱熹、陳亮兩人對文中子之學認知之角度迥異，也曾因此在書信往來之間產生爭辯。由此足見王通學說涵蘊獨特的思想價值，其對後世儒學風氣之影響著實不容小覷。本文即就上述諸項議題，分章專述王通儒學思想的特色及其價值意義，希冀能於隋代儒學發展的相關研究中，完整地呈現文中子之學術風貌。

誌　謝

　　有此機緣從事中國傳統思想之學術研究，最得感謝的對象即是家父與家母，此段期間，雙親勞苦功高地承擔家務重任，在經濟不甚理想的情況之下，仍然支持我完成研究所碩士班的學業，雙親無怨無悔地付出與辛勞使我深感愧疚，尤其是家父的年歲日益老邁，卻正值筆者就學期間而無法分擔家中經濟重擔，是故獨自承受了許多辛酸與壓力。倘若不是雙親默默付出與全力支持，筆者必定毫無機會於研究所碩士班中就學，如此一來更當無法完成此篇碩士論文。在此藉由本論文完成後的誌謝，一方面必須感念父母的長養之恩，另一方面更要感謝雙親的犧牲奉獻。思量此篇論文完成之最大功臣並不是自己，而是一路在背後支持、勉勵著我的雙親。此篇論文的順利完成，必得向雙親致上最真誠的敬意與謝意，感謝他們一直以來的提拔與關照，二十多年如一日地呵護與長養，讓筆者得以在溫情的薰染之中成長與學習。

　　自論文寫作之初，找尋何種研究對象與範疇，如何準確地命題與蒐羅資料，都是極易遭遇到的挫折與瓶頸，而指導教授周志煌老師曾給予以及指引許多寶貴的意見與思考方向，並提供諸多文獻資料給筆者做為參考及引證，回想周老師是在百忙之中允諾指導此論文，老師甚至還曾經在難得的暑期假日之中，撥空詳談本論文當中各章節之細部內容，對許多論文撰寫上的瓶頸以及疑難提出解惑之道，能有機緣得到周老師的授業與指導誠讓筆者感受到無比的榮幸，在此亦藉由此篇論文之完成向指導教授周老師致上謝意。

　　另外，亦向本篇論文之口考教授：趙中偉老師與徐亞萍老師致上謝意，二位老師對本論文提出許多寶貴的看法與意見，並且引領著我，讓我懂得以更寬廣的眼界去看待中國學術思想，師長們嚴謹細膩的治學態度實是筆者所當效法的目標。誌謝之餘，期盼自己能在學問的道路上日益長進，也才不辜負雙親及師長們的提拔與厚愛。

目次

第一章 緒 論

　　南北朝到隋代的這段時期，無疑是中國經學與儒學的黑暗時代，其成果展現較之於漢、宋，顯然有所不足。儒學在魏晉之後的衰微，追溯原因則當從漢末動亂乃至三國爭雄，各政權間的分裂與爭戰，這樣的背景對儒學來講是有害的，繼三國之後的西晉，天下雖得短暫的統一，但卻由於司馬政權的殘暴無道，對儒者、文士迫害打擊，使得那些強調內聖外王的儒者們受到挫折，加諸林林總總的歷史因素與政治因素，道家與佛教的避世思想反倒能呼應當時的社會情況尋得出處，佛道思想無疑替人們指引出一條新的道路，然則這條經由佛道思想所另闢而出的蹊徑終究是過於消極退縮，面對時代的動亂與政權的暴虐無道，儒家的方式是安定社會，並試圖解決政治與社會上的弊端，儒家所具備的是積極的入世態度與經世濟民的淑世精神，而這種特質畢竟不是佛道兩家所能與之相提並論的。觀察儒學思想之演進，在春秋戰國的孔子、孟子、荀子之後，放眼整個兩漢、三國、魏晉南北朝、隋、唐之中，對儒學思想最有貢獻的儒者非王通莫屬，倘若稱王通是繼孔、孟、荀之後相當具有代表性的儒家人物誠是當之無愧。可惜的是王通得年甚短，遺留下的作品絕大多數也已亡佚，記錄其言行思想的《中說》一書又遭後人妄增附益，這種種因素使得文中子其人其書的真實性備受質疑與非議，誠如日人安井小太郎所稱：「隋有所謂王通的人，這人的事情歷史上並沒有人好好下論斷。或者被認為是假託的人，或者是大學者，唐的元勳都是他的弟子，他有所謂《文中子》的著作，但我想也是假託的人吧！如果實有其人的話，我想那文中子是真正的學者吧！」〔註1〕然而對王通其人其書之真實性若先入為主否定的

〔註1〕〔日本〕安井小太郎等著、林慶彰等譯：《經學史》（臺北：萬卷樓圖書有限公司，民國85年10月），頁83。

話，無異於間接地損害及抹煞了王通的儒學思想。王通竭力闡揚儒學思想之時恰恰是在孔、孟、荀所代表的先秦儒學以及神秘化的漢代儒學之後，而又在於宋明儒家心性之學萌生之前；在儒家思想長期衰微傾頹之際，更在維繫儒家思想存亡之關鍵時期，扮演了重要的角色。由上所述，吾輩應當體認王通儒學在整個大時代、大環境中的重要性，也更應該進一步認知領略王通儒家思想之精髓。

第一節　問題的提出

　　從諸多儒學史、思想史，甚至在許多儒家思想之相關書籍看來，王通一派儒學向來為編撰者所忽略漠視，此現象正顯示著王通及《中說》一向不太受到研究儒家思想者的重視，頂多只把他當做一般的儒者，對其學問只覺得他有意模仿孔子而淺談一些道德仁義之事，思想紛紜而難成體系，甚至是批評王通的思想欠缺道德本體。在歷史上，《隋書》不為王通立傳之事啟人疑竇，綜觀隋、唐之時，《中說》並未受到多數儒者之推崇，直至宋代遂有范仲淹、石介、陳亮等人極為仰慕文中子，所以就宋代而言，王通的學說在朱熹以前還頗具規模，但是在經過朱熹的批評以及在儒學朝理學方向前進之後，研讀《中說》者明顯又少了許多，這實在是相當可惜的。王通儒學雖是語錄方式，其儒家思想雜見於各個篇章，不過只要仔細研讀辨析、分門別類後，便可發現《中說》的儒學體系是非常詳盡完整的，他的儒學是能夠推廣普及的，王通具有濃厚的道德意識，他對於儒學的闡揚以及對周孔的推崇是不遺餘力的，他重視道德仁義，甚至也以強烈的道德觀感來規範一切的經籍文史，藉此帶領習文的知識份子領略仁心性善，因此這樣子的經籍文史便是能夠讓人們格物、致知、誠意、正心的道德思想。對於知識水準較低落，甚至是文盲階層的一般庶民，他強調以禮樂教化，讓人們在履行禮儀的同時體認道德，在冠、昏、喪、祭等禮制當中引導百姓，教育他們在鄉里家庭中循規蹈矩，並善盡一己之本份地貢獻於家族村里。這便是修身、齊家之道。對於君主，王通竭力地闡明王道觀念，督促君主施行仁政德治，王通對於明主應當如何去體恤子民也舉出一連串實際的方針，這即是治國、平天下之道。筆者研究《中說》之動機目的，無非是要重新評斷一般人對於王通儒學的誤解，並且欲確立王通儒家思想之規模體系。

第二節　研究方法與步驟

　　研究王通的儒家思想必從他惟一遺留下的作品《中說》此書著手探討，藉由《中說》一書所載之原典來論述王通儒學思想，採歸納與分類之方式，並列舉《中說》書中原文對照說明，夾敘夾議地分析陳述王通儒家思想，再根據《中說》一書內篇章文句所呈現之涵義，統整架構出其中的思想體系與儒學規模。筆者有感於中國傳統對於知識與思想的研究上較欠缺科學的方法論，誠如勞思光先生所說：「中國一向缺乏方法論，原因是中國的文化精神有不重知識的嚴格問題的特質。」〔註2〕是故筆者須以方法論輔佐對於思想範疇學問的研究，期望增強論述上的明確性與嚴謹度。將方法論應用在中國傳統思想的研究上固然有所助益，但有些大前提還是必須顧慮到，方法論畢竟只是一種研究知識學問的佐助，它只是「客體」而非「主體」，倘若「主客不分」或「反客為主」的話，對於中國傳統思想的研究來講反倒是有害無益的，這是因為中國傳統思想有別於一般客觀的知識學問，許多思想觀念的創生及拓展是先賢因時制宜地各展其能，後人見仁見智地各取所需，這樣子的思想脈絡與思想傳承具有一定程度的獨特性質，並不適合用科學的方法論來判定出絕對的「是」與「非」，或者該說是科學方法論尚不能全盤地概括住中國傳統思想。勞思光先生也強調過：「『方法』雖然不是決定知識材料的，但它卻總是知識活動範圍中的東西。因此，在知識活動範圍以外的任何東西，都不是方法論所能涉及的。例如，價值問題、情意問題，就都不是知識問題。我們一定要明白這種界限，不可以弄混了。……人生並非只有知識才重要。至少，在人類行為中，意志與知識是不能彼此代替的。」〔註3〕對於思想方法之研究，「命題」的明確與否實為重要，本文之所以命名為《王通儒學思想及其在學術史上的意義》，就是顯明「王通」此人與「儒學思想」之間的交集，雖然王通的生卒年、作為、風格、著作、弟子考證等議題皆有可以再延伸多談的空間，但這卻不是筆者論述的重心所在，再觀整個「儒學思想」的範圍如此地浩瀚遼闊、博大精深，倘能專以某一時代的儒家人物及相關典籍做為研究儒家思想的切入點，一方面既可突顯這名儒家人物的獨特性，另一方面也能襯托出「儒學思想」在此階段中所呈現的特殊價值與時代意義，所以本文之命

〔註2〕　勞思光著、劉國英編：《思想方法五講新編》（香港：中文大學出版社，2000年），頁38。
〔註3〕　同註2，頁35～36。

題是以「王通」此人物為「主詞」，再以「儒學思想」做為「賓詞」，最終論述其在學術史上的特殊意義，如此的命題方式是屬於一種「有所陳述的綜合命題」，而非是一種「無所陳述的分析命題」。〔註4〕再者，對於命題內容之論述也必須注意到「意義與意象的區別」，〔註5〕例如：朱熹與陳亮在面對文中子學說時的態度之所以如此兩極，他們其實常是陷於一種意象的偏執當中，這意象也就是一種情緒上的感受，這類感受卻很容易演變成所謂的「成見」，其實朱熹的批評文中子與陳亮的讚美文中子，皆可說是彼此在理解角度上的不同而已，倘若舉文中子「欲學孔子」為例，假使吾輩先入為主地覺得他此舉「驕傲自大」，便自然會解讀成他存有「自聖之心」，假使我們只覺得這是他對自我的一種期許，便自然不認為他是在「擬經僭聖」。因此，以方法論來認知這類型的爭辯，對於學說思想的研究而言當然是有所幫助的。

至於研究步驟方面則先須明瞭前人對於王通與《中說》的研究方向與成果，如此對於王通其人與《中說》此書才能具備初步的認知與理解，再者便是根據前人所述考證王通其人與《中說》一書之真偽，以確認文中子其人其書之真實性，故筆者於本文第二章先概述王通的生平事蹟，再論及《中說》之真偽考證。儒家思想向來講究內聖外王，王通學說亦不偏離此一範疇，故筆者將《中說》之道德觀、《中說》之政治觀列於三、四章之中論述，關於內聖方面王通讓人遵循中道思想以發顯仁心善性，修養實踐儒學以確立道德主體；外王方面王通闡揚王道的意義，指示施行仁政德治之必要方針，他承認

〔註4〕 勞思光云：「一個命題中所含有的這兩個概念，在傳統邏輯中就稱為『主詞』和『賓詞』；主詞是我們所說及的東西，……賓詞是我們所說的內容——陳述的內容……這得從兩個概念的內容說。……一種是，所陳述的內容本來已經被包括在加以陳述的概念中；一種是，所陳述的內容本來不被包括在加以陳述的概念中。……我們將第一種命題，稱作無所陳述的命題，因為它所含的陳述內容並不是新加上的內容；第二種命題，我們稱之為有所陳述的命題，因為它有一種新加上的陳述內容。……無所陳述的命題，我們稱之為『分析命題』，有所陳述的命題，我們稱之為『綜合命題』。」，引書同註2，頁20～21。

〔註5〕 勞思光云：「我們只要能區別知識與情緒，我們就能了解方法論上的客觀與主觀，也就能區別意義與意象。知識與情緒怎麼分別呢？這其實是一個很簡單的問題。就是，我們的知識活動是對客觀的對象作陳述，而情緒活動則是對我自己的感受作表示。……一個符號的所指，就是知識成份；一個符號的附有的色彩，就是情緒成份；知識成份是『意義』，情緒成份是『意象』。……價值判斷與情緒感受萬不能相混。我們談情緒和知識時，已指明情緒感受無普遍性；而價值判斷與普遍性根本不可分，所以和情緒之無普遍性不同。」引書同註2，頁16～19。

胡人的北魏政權並且抨擊南朝君主之昏庸無道。儒家思想勵行道德教化之最終目標，無非是培育人們成爲君子或聖賢，所以本文第五章將探討《中說》之文化觀，至於第六章中則闡述王通儒學思想在學術史上的價值意義，第七章則是本篇論文之總結。

第三節　前人研究方向與成果之檢討

一、專書類

　　王立中先生所編著《文中子眞僞彙考》〔註6〕汪吟龍先生所著《文中子考信錄》〔註7〕此二書的編著目標，是對文中子其人其書加以考證。駱建人先生《文中子研究》〔註8〕一書是作者收錄其先前所撰著〈文中子著述版本考〉、〈文中子學述二編〉兩篇期刊論文加以潤色成書的，此書對於《中說》研究相較於以往的學者來說已是頗具規模，尤其在《中說》版本統整分類此一部份，極具價值與成果。至於此書對於王通思想的歸納與分類方式卻略顯繁瑣枝節，尚未站在以儒家思想之道德主體此一角度上，去調整王通所有思想的成份比重與先後順序，進而完備地樹立出王通的儒學體系，並突顯其中最重要的道德主體。另外，由大陸學者尹協理、魏明二位先生所合著的《王通論》〔註9〕一書，此書成書年代較後，所可以參考及運用的典籍資料已更加豐富，此書對於文中子其人其書眞僞考證、生平與所處時代背景、政治思想、哲學思想、倫理思想、王通的歷史地位等等都析論得很多，是目前研究過《中說》的諸多專書當中，論述的最爲詳盡完備的一本作品，然而此書仍未脫離以西方唯心、唯物主義來移植處理中國各類學說思想的習慣與窠臼，並喜以農奴階級與專制政權的衝突對立這種角度切入闡述王通思想，實際上這些都是太過牽強偏執的論調與觀念。

二、學位論文類

　　劉巧玲所撰著的碩士論文《文中子中說考述》，〔註10〕其中在丙章中列

〔註6〕　王立中：《文中子眞僞彙考》（湖南長沙：商務印書館，民國27年7月）。
〔註7〕　汪吟龍：《文中子考信錄》（臺北：臺灣商務印書館，民國62年4月）。
〔註8〕　駱建人：《文中子研究》（臺北：臺灣商務印書館，民國79年7月）。
〔註9〕　尹協理、魏明：《王通論》（北京：中國社會科學出版社，1984年12月）。
〔註10〕　劉巧玲：《文中子中說考述》（臺北縣：輔仁大學中國文學研究所碩士論文，

引許多《中說》與《論語》用詞與說法相類似之處相互比較，而在丁章之中，對於王通思想僅分王道說、政治論、倫理觀、文學批評論等四節來探討，如此對於王通儒家思想的領略惟恐還是較爲籠統的，最後在戊章的王通門人考一部份，作者雖統整《中說》書中所提及的王通門徒弟子並逐一論述，但卻尚未明確辨析討論魏徵、房玄齡等唐代名臣名相恐非王通門徒此一問題。此外，另有盧用章先生撰著的碩士論文《文中子中說政治思想探究》〔註11〕與戴鳳如的《王通經世思想之研究》，〔註12〕此二文皆從政治思想之角度探究王通思想。盧用章先生之研究著重在《中說》政治思想體要、《中說》政治思想之價值與影響等部份。戴鳳如之論文旨在通過儒者經世的角度，探討王通思想並析論其意義與價值，以證明儒者經世行動與儒家經典存有密不可分之關係。在大陸學者方面，有李小成先生所撰著之博士論文《文中子考論》，〔註13〕其文首章彙整了唐、宋兩代古人對於文中子其人其書的著錄與評論，次章與第三章論述王通生平及家世，第四章探討爭議頗大的文中子門人眞僞部份，五、六兩章研探王通《續經》之亡佚作品。另外還有張漢中先生撰著之的碩士論文《王通與貞觀詩風》，〔註14〕然則其文研究範疇與方向卻不甚妥善，因爲在王通看待詩文的態度，以及他對詩文創作的要求僅在於貫道而已，雖然在《中說》可析論出王通的文學觀，但那畢竟不是王通學說的重心所在，且文學觀這部份佔的比例也還太輕，未足以成一家之言。《王通與貞觀詩風》一文之論述方向不盡完善，該文作者將王通與貞觀詩風相提並論或多或少會誤導人們對王通學說的認知。王通縱然對詩文的創作原則有其獨特的觀感，但因其本身沒有詩文創作流傳於後世，倘若根據王通《續詩》之意來看待的話，其所續之詩亦不是自身對於詩歌的創作，卻像是一種采集整編民間詩歌之舉措，何況《續詩》已然亡佚無法考究，若要論斷唐代貞觀詩風是受到王通的影響，惟恐還是有待商榷。綜觀以往學位論文對王通儒學研究之方向與成果，論述「外王」範疇之比例較重於對「內聖」之學的探討，故

民國 61 年 5 月）。

〔註11〕盧用章：《文中子中說政治思想探究》（高雄：高雄師範大學國文研究所碩士論文，民國 88 年 6 月）。

〔註12〕戴鳳如：《王通經世思想之研究》（桃園：中央大學中國文學研究所碩士論文，民國 93 年 5 月）。

〔註13〕李小成：《文中子考論》（甘肅蘭州：西北師範大學文學院博士學位論文，2005年 5 月）。

〔註14〕張漢中：《王通與貞觀詩風》（河南：河南大學碩士學位論文，2005 年 5 月）。

筆者意欲進一步探究王通儒學中的道德思想，期望以此補前人研究的不足之處。另外，前人對於王通政治思想此部份多有詳盡的闡述，故筆者此篇論文尤其著重的是王通儒學思想在學術史上的特殊意義。

三、期刊論文類

　　期刊論文類的研究，在中、長篇論文方面，有駱建人先生所著〈文中子著述版本考〉〔註 15〕、〈文中子學述二編〉〔註 16〕兩文，而後作者再將此二文統整潤色並出版成書。王昆華先生所著〈文中子研究〉〔註 17〕一文，對於王通生平部份論述許多，作者並將《中說》與《論語》二書中相仿似的文句抄錄對比，此文之中僅分成以下四個節次來闡釋王通思想：（一）、承先啓後、擬聖學說，（二）、傳聖業，（三）、興禮樂，（四）、振皇綱。如此分節難免太過概略籠統，惟恐不易彰顯出王通儒家思想的重心與特殊價值。龔鵬程先生所著〈北朝最後的儒者——王通〉〔註 18〕一文，論述內容豐富且言之有物，章節脈絡清晰而條理分明，是一篇頗具可觀性的期刊論文。不過在《中說》之中王通曾明確地說過：「仁義，其教之本乎！先王以是繼道德而興禮樂者也。」，〔註 19〕龔先生卻反倒認爲王通學說是「重禮樂勝於重道德主體的學問路向。」〔註 20〕至於短篇期刊論文方面，如〈王通之思想及其影響〉〔註 21〕、〈文中子的哲學〉〔註 22〕、〈隋末大儒王通〉〔註 23〕、〈王通教育思想研究〉〔註 24〕、〈中外教育史上兩位

〔註 15〕駱建人：〈文中子著述版本考〉，《臺北商專學報》第三期（民國 63 年 1 月），頁 37～140。

〔註 16〕駱建人：〈文中子學述二編〉，《臺北商專學報》第七期（民國 65 年 5 月），頁 1～110。

〔註 17〕王昆華：〈文中子研究〉，《復興崗學報》第二八期（民國 71 年 12 月），頁 399～429。

〔註 18〕龔鵬程：〈北朝最後的儒者——王通〉，《幼獅學誌》第二〇卷第二期（民國 77 年 10 月），頁 53～102。

〔註 19〕〔隋〕王通撰、〔宋〕阮逸注：《中說》（臺北：臺灣中華書局，民國 68 年 2 月，臺三版，中華書局據明世德堂本校刊），卷六〈禮樂篇〉，頁 4。

〔註 20〕同註 18，頁 66。

〔註 21〕章群：〈王通之思想及其影響〉，《中華文化復興月刊》第一〇卷第二期（民國 66 年 2 月），頁 80～84。

〔註 22〕宇野哲人：〈文中子的哲學〉，《中華文化復興月刊》第八卷第九期（民國 64 年 9 月），頁 53～60。

〔註 23〕沈秋雄：〈隋末大儒王通〉，《中華文化復興月刊》第一二卷第一〇期（民國 68 年 10 月），頁 61～67。

偉大的輔導老師——王通與亞里斯多德〉〔註25〕、〈王通的教育觀〉〔註26〕、〈王通的教育思想〉〔註27〕等文,而由於這些文章篇幅簡短,對於王通的學說思想並沒辦法談得很詳備。這裡還有一種觀念必須一提,有某些文章專從教育學的角度來論述王通的學說思想,並且把諸多儒家的道德思想與德目歸納到教育的主題底下,若站在儒學的立場來看這樣的研究方法恐怕是不甚妥善的,因為無論是從教育論或者知識論的角度來說,事實上皆不足以詳盡地去闡明儒家的道德思想,當然也不適合把它拿來囊括王通的儒學體系。又如吳鼎先生所著〈中外教育史上兩位偉大的輔導老師——王通與亞里斯多德〉一文當中,作者尚未考證出魏徵、房玄齡等唐代名相名臣實際上並非王通的門徒,便寫說王通成就了這些優秀的人才,而這些名相名臣便是出自王通的輔導教育,如此則與歷史真實不相吻合。

另外,對於王通與《中說》的相關研究,在大陸期刊論文方面,有〈王通門人辨疑〉〔註28〕、〈《隋書》不載王通考〉〔註29〕、〈王通生平著述考〉〔註30〕、〈淺論「河汾道統」說的影響〉〔註31〕、〈王通主體思想管窺〉〔註32〕、〈王通教育教學的三個特點〉〔註33〕、〈從《中說》看王通的思想體系〉〔註34〕、〈論

〔註24〕 余書麟:〈王通教育思想研究〉,《臺灣教育輔導月刊》第一二卷第四期(民國59年4月),頁23〜25。

〔註25〕 吳鼎:〈中外教育史上兩位偉大的輔導老師——王通與亞里斯多德〉,《輔導月刊》,第十四卷三、四、五期合刊本(民國67年1月),頁12〜13。

〔註26〕 陳美利:〈王通的教育觀〉,《國教世紀》第一八卷第一一期(民國72年5月),頁10〜12。

〔註27〕 徐書業:〈王通的教育思想〉,《孔孟月刊》第三四卷第四期(民國84年12月),頁33〜36。

〔註28〕 徐朔方:〈王通門人辨疑〉,《浙江大學學報》第二九卷第四期(1999年8月),頁5〜8。

〔註29〕 鄧小軍:〈《隋書》不載王通考〉,《四川師範大學學報》第二一卷第三期(1994年7月),頁77〜84。

〔註30〕 陳啓智:〈王通生平著述考〉,《東岳論叢》第六期(1996年)頁77〜82。

〔註31〕 常裕:〈淺論「河汾道統」說的影響〉,《中國哲學史》第三期(2005年),頁14〜21。

〔註32〕 王明欽:〈王通主體思想管窺〉,《史學月刊》第一一期(2005年),頁120〜123。

〔註33〕 王相民:〈王通教育教學的三個特點〉,《陝西教育》第三期(1996年),頁40〜41。

〔註34〕 劉寬亮:〈從《中說》看王通的思想體系〉,《運城學院學報》第一五卷第一期(1997年),頁12〜14。

王通在儒家思想發展史上的三大貢獻〉〔註35〕、〈中道——王通哲學的基石〉〔註36〕、〈論王通的道德修養觀〉〔註37〕、〈略論王通的「文以明道」思想〉〔註38〕、〈王通教育思想探析〉〔註39〕、〈王通與經學更新〉〔註40〕、〈論王通哲學對宋明理學的開啓〉〔註41〕、〈試論王通《中說》之「道」觀〉〔註42〕、〈王通的《續詩》與《詩經》〉〔註43〕、〈略論王通的文學思想〉〔註44〕、〈王通及其《文中子》辨析〉〔註45〕、〈王通《春秋》學考述〉〔註46〕等文。〈王通門人辨疑〉一文，作者從王通正式門生、未正式入門之弟子、僅就教與請益於王通者，三方面探討王通門人之眞實性。〈《隋書》不載王通考〉一文作者論述《隋書》不載王通之原因，乃由於唐初官修《隋書》作者顧忌長孫無忌。〈王通生平著述考〉一文闡述王通生平事跡以及統整其著作，並歸納說明其流傳與亡佚的作品。〈淺論「河汾道統」說的影響〉一文強調河汾道統促成北方儒學的繁榮和發展，該文作者並且肯定了「河汾道統」在儒家發展和傳播上的重要性。〈王通主體思想管窺〉一文則從治國方略的基石、人生修養的原則、教化民眾的主張等三方向

〔註35〕 李金河：〈論王通在儒家思想發展史上的三大貢獻〉，《中華文化論壇》第二期（1998 年），頁 90～95。

〔註36〕 景云：〈中道——王通哲學的基石〉，《船山學刊》第四期（2000 年），頁 47～51。

〔註37〕 段承校：〈論王通的道德修養觀〉，《西北成人教育學報》第二期（2000 年），頁 25～27。

〔註38〕 劉寬亮：〈略論王通的「文以明道」思想〉，《運城高等專科學校學報》第一八卷第二期（2000 年），頁 7～8。

〔註39〕 楊秋梅：〈王通教育思想探析〉，《山西師大學報》第二九卷第四期（2002 年 10 月），頁 114～117。

〔註40〕 孫昊、李靜合撰：〈王通與經學更新〉，《江淮論壇》第三期（2003 年），頁 89～93。

〔註41〕 景云：〈論王通哲學對宋明理學的開啓〉，《晉陽學刊》第二期（2004 年），頁 62～64。

〔註42〕 董虹凌：〈試論王通《中說》之「道」觀〉，《華南理工大學學報》第六卷第二期（2004 年 4 月），頁 26～30。

〔註43〕 李小成：〈王通的《續詩》與《詩經》〉，《齊魯學刊》第六期（2004 年），頁 25～28。

〔註44〕 尤煒、李蔚合撰：〈略論王通的文學思想〉，《南京師範大學文學院學報》第二期（2005 年 6 月），頁 89～94。

〔註45〕 羅維明：〈王通及其《文中子》辨析〉，《臺州學院學報》第二八卷第一期（2006 年 2 月），頁 78～86。

〔註46〕 李建軍：〈王通《春秋》學考述〉，《西華大學學報》第三期（2006 年 6 月），頁 31～34。

探討王通主體思想。〈王通教育教學的三個特點〉、〈王通教育思想探析〉兩文乃以教育之角度探討王通學說。〈從《中說》看王通的思想體系〉一文論述王通的天人觀與王道觀，該文作者認為「天人之事」與「帝王之道」即是王通思想的主軸。〈論王通在儒家思想發展史上的三大貢獻〉一文的作者認為王通對於儒家思想發展之貢獻，在於棄天道以立人道、拋霸道以行王道、倡導三教可一等等主張。〈中道──王通哲學的基石〉一文認為王通學說以「中道」為原則，並且應用在自然觀與政治上頭，落實在自然觀上擺脫以往讖緯迷信色彩，落實在政治理念上即是倡導仁政與聖人之道。〈論王通的道德修養觀〉則從道德修養的必要性、道德修養的原則、道德修養的方法等三方面論述王通的道德修養觀。〈略論王通的「文以明道」思想〉一文談到了王通學說強調的是文與道的密切關係，而王通的基本主張是以道統文、文以明道。〈王通與經學更新〉一文認為王通首開經學更新變古風氣之先，啟迪後世。〈論王通哲學對宋明理學的開啟〉一文作者論述王通否定傳統的天人感應論，作者並認為王通率先提出諸多與理學相類似的概念，其思想學說對理學產生很大的影響。〈試論王通《中說》之「道」觀〉一文以為王通學說融合了儒道兩家思想，而有以道補儒的情況。〈王通的《續詩》與《詩經》〉一文指出王通《續詩》之用意，一方面是明王道以振儒學，另一方面是要以詩歌的發展變化展示時代的變遷。〈略論王通的文學思想〉一文認為王通文學思想以儒家文學觀為主幹，受到了北朝文化的影響，卻又與北朝學者不盡相同，作者認為王通在儒家文學思想中具有承先啟後之貢獻。〈王通及其《文中子》辨析〉此文探討王通其人之真實性以及《中說》此書之真偽。〈王通《春秋》學考述〉一文闡述王通《春秋》學的學術價值，一方面認為它影響到唐宋的史學概念，另一方面認為它是中唐以後「捨傳求經」學派的前導。

第二章　文中子其人及其書之探討

第一節　文中子生平及時代背景

　　文中子，即是隋朝大儒王通。王通，字仲淹，爲河東龍門人，其遠祖爲漢朝徵君王霸。王通生於隋開皇四年（西元 584 年），卒於隋大業十三年（西元 617 年），得年三十四。王通其名之所以爲「通」者，是由於其父銅川府君王隆，於文中子出生之時經卜筮而命名，認爲是子必能通天下之志，所以取名爲「通」。開皇九年，王通稍長，隨侍在父親旁側之時曾這麼說道：「通聞古之爲邦有長久之策，故夏殷以下，數百年，四海常一統也；後之爲邦，行苟且之政，故魏晉以下，數百年，九州無定主也，上失其道，民散久矣。」銅川府君深感訝異，於是告知《元經》之事，文中子再拜接受之。開皇十八年，銅川府君宴居之時，召王通前來說道：「爾來自天子至庶人，未有不資友而成者也。在三之義，師居一焉。道喪已來，斯廢久矣，然何常之有？小子勉旃翔而後集。」王通於是有通達四方的志向。後來便受《書》於東海李育，學《詩》於會稽夏琠，問《禮》於河東關子明，正《樂》於北平霍汲，考《易》於族父仲華，他求師請益這六年來，勤奮向學、意志專精。仁壽三年，王通成冠禮，他慨然有救濟蒼生的用心，西游長安，見隋文帝。奏《太平策》十二策，推尊王道、霸略，稽古驗今，談論天下局勢有如運於指掌。隋文帝於是與公卿商議，但公卿卻心存不悅，王通便知道其所思謀將不被重用。之後，皇帝再次徵召王通，他便不前往。大業元年，朝廷又再徵之，王通以患病爲理由再次推辭，他感嘆大道不能暢行，於是退居著述，講學河汾。他續《詩》、

《書》，正《禮》、《樂》，修《元經》，讚《易》道，九年來成就了《六經》之大要，更有人遠來向他拜師求教。他的門下弟子蓋有：薛收、溫彥博、杜淹等人。大業十年，尚書召署蜀郡司戶，王通仍不前往。大業十一年，朝廷又以著作郎、國子博士徵召，他仍然予以拒絕。大業十三年，王通臥病而終，門人替王通諡號爲「文中子」。文中子一生撰著多已亡佚，唯《中說》一書傳世。〔註1〕

　　歷史上是否眞有文中子此人，卻頗遭後世質疑。最初起因於《隋書》不爲王通立傳，其事跡既不見於〈儒林〉，又不見於〈隱逸〉，以至於後世對王通之身份頗有爭議，後人對王通其人眞實性與否的相關論述往往是疑信參半、眾說紛紜。北宋初，宋咸撰《過文中子》十卷、《駁中說二十二事》，認爲王通並無此人。〔註2〕焦竑稱：「宋咸作《駁中說》，謂文中子乃後人所假托，實無其人。」〔註3〕南宋王明清稱：「文中子王通，隋末大儒，歐陽文忠公、宋景文修《唐書》，房、杜傳中略不及其姓名，或云其書阮逸所撰，未必有其人。」〔註4〕清朝姚際恆亦稱：「世有以其姓名史所不載，疑並無其人者。」〔註5〕倘若要說王通實無其人，《舊唐書》、《新唐書》中的〈王績傳〉、〈王勃傳〉、〈王質傳〉中均提及王通，〔註6〕且王通本固隋朝之人，《唐書》何須爲之立傳？《舊唐書·王績傳》

〔註1〕　此節內容筆者參閱自《中說》、《宋文鑑》、《理學宗傳》、《闕里文獻考》、《歷代名人年譜》、《歷代名人生卒年表》等書。引書如下：〔隋〕王通撰、〔宋〕阮逸注：《中說》（臺北：臺灣中華書局，民國68年2月，臺三版，中華書局據明世德堂本校刊），卷一○〈文中子世家〉（杜淹撰），頁5～8。〔宋〕呂祖謙編：《宋文鑑》（臺北：世界書局，民國51年2月），卷一四九〈文中子補傳〉，頁19下～25下。〔清〕孫奇逢：《理學宗傳》（臺北：藝文印書館，民國58年5月，藝文印書館據清康熙五年孫氏兼山堂原刊本景印原書版），卷一三，頁1～17。〔清〕孔繼芬：《闕里文獻考》（臺北：維新書局，民國57年1月），卷五一，頁1～3。吳榮光：《歷代名人年譜》（北京：北京圖書館出版社，2002年11月），卷三，頁191～201。梁廷燦：《歷代名人生卒年表》（臺北：臺灣商務印書館，民國68年11月，臺二版），頁37。

〔註2〕　〔宋〕王應麟：《玉海》（臺北：大化書局，民國66年12月），卷五三，頁8下。

〔註3〕　〔明〕焦竑：《焦氏筆乘》（臺北：臺灣商務印書館，民國60年4月），卷二，頁31。

〔註4〕　〔宋〕王明清：《揮塵前錄》（臺北：藝文印書館，民國57年，《原刻景印百部叢書集成初編》），卷三，頁5。

〔註5〕　〔清〕姚際恆：《古今偽書考》（臺北：臺灣開明書店，民國58年4月），頁35～37。

〔註6〕　〔後晉〕劉昫等修：《舊唐書》（臺北：臺灣商務印書館，民國57年9月，臺

云：「王績……兄通，字仲淹，隋大業中名儒，號文中子，自有傳。」〔註7〕所謂的「自有傳」，其意該指《隋書》自當有傳，然而《隋書》卻未替王通立傳。清人王士禎曰：「唐初修《隋史》，不爲文中子立傳，千古疑之。」〔註8〕關於此疑點，觀之王通生平經歷，王通於隋朝之時不仕，既遠離朝廷官場，是故難以歸於〈儒林〉。若改而載入〈隱逸〉，則因王通歸隱後先行著述，再講學授徒，歷時本固不長，又其卒年甚早、得壽不高，名望聲譽未得及顯達於當世，不被載入史書之可能性亦是極大。此外，今人尹協理、魏明，在二人合著之《王通論》一書中論述道：「《隋書》爲何隻字不提王通？這或許有兩種可能：一是王通的名聲在隋末唐初並不那麼大，《隋書》作者認爲尙不夠入傳的資格；另一種可能是修《隋書》者與王通兄弟有些成見。」〔註9〕對於此一疑點，司馬光〈文中子補傳〉亦稱：「未嘗載其名於儒林隱逸之間，豈諸公皆忘師棄舊之人乎？」〔註10〕蓋魏徵乃王通弟子，又總修《隋書》，卻不爲其師立傳留名，令人不解？由此可以擬推《中說》一書中，魏徵、房玄齡等名臣，恐爲王氏後輩所假託附會，並非眞是王通門徒。〔註11〕此外，關於文中子其人之眞實與否，據陳叔達〈答王績書〉〔註12〕、王績〈游北山賦〉〔註13〕與〈負苓者傳〉〔註14〕、王勃〈續書序〉〔註15〕、劉禹錫〈神道碑〉〔註16〕、皮日休〈文中子碑〉〔註17〕、

二版，《百衲本二十四史》），卷一六三，列傳第一一三〈王質傳〉，頁6下：卷一九〇，列傳第一四〇〈王勃傳〉，頁13上：卷一九二，列傳第一四二〈王績傳〉，頁1上。〔宋〕歐陽修、宋祁等撰：《新唐書》（臺北：臺灣商務印書館，民國57年9月，臺二版，《百衲本二十四史》），卷一六四，列傳第八九〈王質傳〉，頁10下：卷一九六，列傳第一二一〈王績傳〉，頁1上：卷二一〇，列傳第一二六〈王勃傳〉，頁6下。

〔註7〕　同註6。

〔註8〕　〔清〕王士禎：《香祖筆記》（臺北：廣文書局，民國57年6月），卷三，頁10。

〔註9〕　尹協理、魏明：《王通論》（北京：中國社會科學出版社，1984年12月），頁11。

〔註10〕　〔宋〕呂祖謙編：《宋文鑑》（臺北：世界書局，民國51年2月），卷一四九〈文中子補傳〉，頁23下。

〔註11〕　對此，可詳見《王通論》一書中之討論，出處同註9。

〔註12〕　〔宋〕姚鉉編：《唐文粹》（臺北：世界書局，民國51年2月），卷八二〈答王績書〉，頁8上～9下。

〔註13〕　〔宋〕李昉等撰：《文苑英華》（臺北：新文豐出版公司，民國68年10月），卷九七〈游北山賦〉，頁8。

〔註14〕　同註12，卷九九〈負苓者傳〉，頁8上。

〔註15〕　〔唐〕王勃：《王子安集》（臺北：臺灣商務印書館，民國65年3月），卷四

司空圖〈文中子碑〉〔註18〕、陸龜蒙〈送豆盧處士謁宋丞相序〉〔註19〕、柳開〈補亡先生傳〉〔註20〕、石介〈與士建中秀才書〉〔註21〕、司馬光〈文中子補傳〉〔註22〕、余嘉錫《四庫提要辨證》〔註23〕等皆肯定文中子實有其人。今人鄧小軍則據《中說》附錄〈錄東皋子答陳尚書書〉所載,進一步地分析說道:「《隋書》不載王通,是因爲唐初官修《隋書》作者顧忌長孫無忌。長孫無忌是太宗後兄、元勛大臣、《隋書》最後監修。《隋書》不載王通,反映出貞觀之治的陰暗面,君主專制及勛戚的局限性、黑暗性。……《隋書》不僅沒有爲王通立傳,而且一字不提王通,這一反常的現象當然值得懷疑。懷疑的方向,應當指向唐初官修《隋書》的相關背景,而不應當指向隋代眞實存在的王通其人。」〔註24〕統整前人記載便可明瞭,誤認或懷疑文中子並無其人者乃屈指可數,而確信文中子實有此人者,卻不勝枚舉,則文中子其人之眞實性已然不由分說。

關於文中子之時代背景,他所處的隋代是經歷南北朝長期分裂後的短暫統一,所以王通所面對的時代議題不只在於短短的隋代,而是在於整個南北朝的大環境以及當時政治與社會的嚴重弊端。王通身處北方,受北朝風氣的影響較深,而北朝的社會風氣較南朝傳統且古樸了許多,這點因素有利於王通思想之催生。王通思想所要關切的實際上不只是隋朝的時代議題,而是上溯至比隋更早的南北朝,甚至是反思魏晉當時就已存在的遺害。錢穆先生說道:「歷史的演變,並不依照一定必然的邏輯。倘使當時的新政權,能有較高的理想,未嘗不足以把將次成長的離心力重新團結起來,而不幸魏、晉政權

〈續書序〉,頁 31。

〔註16〕 〔唐〕劉禹錫:《劉禹錫集》(北京:中華書局,1990 年 3 月),卷三〈唐故宣歙池等州都團練觀察處置使王公神道碑〉,頁 42～43。

〔註17〕 〔唐〕皮日休:《唐皮日休文藪》(臺北:新文豐出版公司,民國 78 年 7 月,《叢書集成續編》),卷四,頁 1 上～頁 2 下。

〔註18〕 同註 12,卷五一〈文中子碑〉,頁 8 下～9 上。

〔註19〕 〔唐〕陸龜蒙:《笠澤叢書》(臺北:新文豐出版公司,民國 78 年 7 月,《叢書集成續編》),卷四〈送豆盧處士謁宋丞相序〉,頁 7 上。

〔註20〕 〔宋〕柳開:《河東柳仲塗先生文集》(清曙戒軒藍格鈔本),卷二〈補亡先生傳〉。

〔註21〕 〔宋〕石介:《石徂徠集》(臺北:新文豐出版公司,民國 74 年 3 月,《叢書集成新編》),卷上〈與士建中秀才書〉,頁 24～25。

〔註22〕 同註 10,頁 24 上。

〔註23〕 〔清〕余嘉錫:《四庫提要辨證》(臺北:藝文印書館,出版年月不詳),子部一,儒家類一,頁 36。

〔註24〕 鄧小軍:〈《隋書》不載王通考〉,《四川師範大學學報》第二一卷第三期(1994 年 7 月),頁 77。

亦只代表了一時的黑暗與自私。……曹家政權的前半期，挾天子以令諸侯，借著漢相名位剷除異己，依然仗的是東漢中央政府之威靈。下半期的篡竊，卻沒有一個坦白響亮的理由。乘隙而起的司馬氏，暗下勾結著當時幾個貴族門弟再來篡竊曹氏的天下，更沒有一個光明的理由可說。」〔註25〕東漢後群雄的分裂割據是動亂的根源，戰爭的面貌便是起兵者對於領土、權力、利益等等的爭奪，為達目的不擇手段往往是彼輩所慣用的致勝之道，是故在鬥智鬥力的兵事之中，道德仁義可謂是蕩然無存，而魏晉的開國君主正是開啟這種毫無道德品格之政治風氣的罪魁禍首。王通的思想之中最不喜愛談論兵事，在他的觀念之中兵事與道德存有著極大的衝突。王通目睹國土分裂的紛亂與霸主互相爭戰的禍害，他期盼的是大一統的政治環境與太平盛世。又由於東漢末乃至於南北朝當時，長期以來局勢動亂不安與政治環境的腐敗黑暗，儒者、文士們在飽受迫害的情況下心灰意冷，轉向崇尚佛道兩家的避世思想，或隱居山林慕仙玄談，或遁形佛寺學經說法，佛道兩家思想愈來愈彰顯的社會現象，也確實影響傳統儒家思想的延續與發展，這種弊端當然也會是王通所欲處理的時代議題。

　　綜觀魏晉以後南北朝的分治狀況，南朝的政治環境未改篡逆之風，朝野之作為都趨於偏安委靡或是一味地放浪享樂。北朝政權卻在北魏以後進行一連串地漢化與儒化，無疑地為儒家思想之復甦提供了一種較優的空間環境，這種由在上位者所發起之龐大力量，以及再度重視儒學之肇端，對於王通所闡述之儒學思想不無裨益的作用。儒家學術的復興對於整個時代環境的影響絕對是正面而光明的，此如錢穆所稱：「從學術影響到政治，回頭再走上一條合理的路，努力造出一個合理的政府來。從此漫漫長夜，開始有一線曙光在北方透露。到隋、唐更見朝旭耀天。」〔註26〕無奈的是：隋代時天下雖復歸於一統，卻又有隋煬帝、楊素等人的荒誕無道、作威作福，是故王通於其儒學思想當中時常展現出一種悲天憫人的情懷，他對在上位者呼籲著：百姓困窮於疾苦之中，蒼生黎民們厭惡時局的紛擾動亂已久。所以，王通屢屢強調王道德治的必要性及迫切性。另外，漢朝以來的天命觀逐漸走向讖緯災異的迷信路線，這情況已經大大地違背儒家原始天命觀之初衷，又讖緯災異之說

〔註25〕錢穆：《國史大綱》（臺北：臺灣商務印書館，民國84年7月，三版），頁219～220。
〔註26〕同前註，頁295。

往往被在上位的統治者或篡逆者所假借，目的是愚弄百姓以鞏固自身的威勢權位，讖緯災異之說氾濫的情形充斥整個南北朝，甚至延續到了王通當時所處的隋代，這種迷信無知的風氣自然無法讓王通苟同與容忍，所以在王通儒學思想的天命觀之中，他盡其所能地扭轉這種積重難返的變相天命觀。王通眼光恢宏，他所關注到的時代弊病絕非是冰山一角，除卻政治、思想等範疇，王通也注意到當時文學的空虛膚淺，如南朝那種輕綺委靡的文學風氣正是王通所抨擊的對象。王通儒學思想之創生是對於東漢末以至於隋朝整段歷史與大環境的省思，他站在儒者的立場以孔孟思想為本急欲弭平時代之動盪，這些政治、社會、文學等林林總總的議題一向存在著，只是除了王通以外，竟無人願意如此積極地正視思考，也罕見有人像王通一般談得如此寬廣，這一方面固然是由於文士們的崇尚佛老與避世消極，另一方面更是儒者自身的麻木不仁與不思振作，而儒家在此危急存亡之際，所幸有位大器早成的儒者：王通，他挺身捍衛儒學的作為正是繼往開來的時代關鍵。

第二節　文中子家學及經學傳承

王通儒學思想之生成並非是上無所承，就當時的歷史背景與學術環境來看，南北朝大多數政權之立學風氣並不興盛，況且魏晉以來門第觀念已深入人心，家學成為一種普遍的現象。北魏以來雖倡漢化、興儒學，然而王氏一族未受朝廷重用，學術趨向與朝廷官學的依附性不高，是故王通求學的主要路線一方面該屬於自身的家學淵源，另一方面亦可經由大儒的講經授課來求取學問。關於家學方面，由王通推六世，其先祖輩與父輩計有：王玄則、王煥、王虬、王彥、王傑、王隆等人，王氏一族不是沒有引以為傲的家傳之學，無奈是他們的家傳學術一向不受朝廷重視。這樣的情況一方面固然象徵著王氏家學始終無法獲得朝廷的肯定與喜好，另一方面卻也表現出王氏家學絕非是一種奉承媚俗的泛泛之學，他們寧可世世代代堅持著一種無法討好朝廷的學術，卻也不願意違背自己心志地去妄作出一些迎合上意的觀點或學說，對現實社會與政治情勢的不肯妥協，以及世代堅守著自家學問的強烈信念，王通在延續其家學淵源的同時，不也正一併傳承了這份固執堅決的崇高意志。關於王通的家學傳承，計有：《時變論》、《五經決錄》、《政大論》、《政小論》、《皇極讜義》、《興衰要論》諸篇，吾輩透過王通自己的陳述便可知悉：《時變

論》所談內容大抵離不開風俗教化，《五經決錄》蓋著眼於重申先賢雅言以及闡揚古聖之大道，《政大論》、《政小論》所論的是帝王與王霸之道，《皇極讜義》著重於天、地、人三才關係之陳述，《興衰要論》論的是六代的得失興衰。這幾部作品雖然早已經亡佚，但經由書籍名稱可推測，除了《五經決錄》與經學的關聯性較大以外，其它作品所論述的內容大抵是政教得失、時局勢變、天人關係等議題，這些作品看似與經學的關係並不密切。王通在《中說》裡曾自述道：

> 甚矣！王道難行也。吾家頃銅川六世矣，未嘗不篤於斯；然亦未嘗得宣其用，退而咸有述焉，則以志其道也。蓋先生之述曰：《時變論》六篇，其言化俗推移之理竭矣。江州府君之述曰：《五經決錄》五篇，其言聖賢製述之意備矣。晉陽穆公之述曰：《政大論》八篇，其言帝王之道著矣。同州府君之述曰：《政小論》八篇，其言王霸之業盡矣。安康獻公之述曰：《皇極讜義》九篇，其言三才之去就深矣。銅川府君之述曰：《興衰要論》七篇，其言六代之得失明矣。……吾欲修《元經》，稽諸史論不足徵也，吾得《皇極讜義》焉；吾欲續《詩》，考諸集記不足徵也，吾得《時變論》焉；吾欲續《書》，按諸載錄不足徵也，吾得《政大論》焉。〔註27〕

王通《續經》，他所參閱的書籍本該是傳統經典，所當鑽研的學術本應是當代經學，然而他卻以稽《皇極讜義》來修《元經》，資《時變論》以續《詩》，按《政大論》而續《書》。在王通撰著的想法之中，似乎把家學的價值地位抬得比當代經學還高，這是一項極其獨特的現象，因爲無論在南北朝、隋代，甚至是其後的唐代，經學注疏的風氣依舊是學術正宗，王通倘若眞有意把家學淵源凌駕在整個經學體系之上，無疑是史無前例的做法。王氏六代的家學傳承，至王通當時將各部作品融會統合，意欲壯大規模並發揚之，但是單憑這樣的家學做爲學術根基的話，不管怎麼說都是過於單薄的，就例如《史記》之成書，一小部份雖然是承自司馬談所傳史料，但絕大部份還是依靠司馬遷自身的才華與學識。所以，假設王通儒學思想的眞實面貌，僅限於對這些家學資料的重申與統整，那麼對於《中說》，後世確實大可不必如此地推崇。所以我們必須質疑的是：暫先除去銅川六世的家學淵源不談，王通是否仍有家

〔註27〕〔隋〕王通、〔宋〕阮逸注：《中說》（臺北：臺灣中華書局，民國68年2月，臺三版，中華書局據明世德堂本校刊），卷一〈王道篇〉，頁1。

學以外的其他經學基礎？此見於〈文中子世家〉杜淹所載：

> 受《書》於東海李育，學《詩》於會稽夏琠，問《禮》於河東關子
> 明，正《樂》於北平霍汲，考《易》於族父仲華。〔註28〕

觀王通師承對象實非當時知名的經學大家，這確實是一項值得深入探析的議題，王通既然有志於學經致用以弭平世亂，那麼他爲何不去向那些名聲較爲顯赫的經學家拜師學藝呢？他卻是去向李育、夏琠、關子明、霍汲、仲華等默默無聞之人請益，這現象是否正顯示著某種特殊的意義？有一種可能是：王通於經書方面的請益問學尚停留在粗淺階段，他在未向經學大家學習請益的情況下便急於講學著述，如果眞是如此，那麼王通的經學基礎恐怕是不夠紮實的。但由《中說》裡見王通對諸經侃侃而談，再者王通家學之中便有《五經決錄》一書，這顯示王通家學淵源未嘗輕忽《五經》的重要性，所以王通也不太可能在自己經學根基不夠穩健的情形下，便急在一時地去授課講學或者著述立說。因此，我們或可再推想其他的可能性。王氏家學淵源與王通本身雖重視經學，然而他們所著眼的經學卻與傳統經學有別，所以他們較無意願去求教於當代經學大家，倘若這果眞是王通拜師學藝時所抱持的態度，如此他所在意的本非求教對象之名聲威望，而該是他們所授之業是否符合王通的需求。或許李育、夏琠、關子明、霍汲、仲華等人對王通所傳之道、所授之業確實有什麼與眾不同之處，所以王通寧可向一些名不見經傳的人學習請益，也不打算去拜那些名望已經如日中天的經學家做爲自己的授業之師。假使王通拜師學藝的態度與動機確實是如此的話，那麼王通的儒學思想勢必走向與以往經學注疏家迥然不同的學問路數，而這種轉變在學術史上是極具價值意義的，筆者將把此議題安排在後頭的章節之中研究探討。

第三節 《中說》其書梗概與眞僞問題

《中說》一書中所記多爲王通與其門徒之間的對談、問答，體裁類似於《論語》、《法言》等書。此書是王通站在儒家的立場提出許多致用務實之思想，他以儒家道德思想做爲爲基礎，談及政教得失、王道興衰、三教可一、文以濟義等等多項時代議題。《中說》爲王通所述，門下弟子薛收、姚義等記錄，恐其後復有王凝、王福畤等輩依時事從中附益之。觀彼輩之附會，刻意讚譽，反而牽

〔註28〕同前註，卷一○〈文中子世家〉，頁6。

累王通之美名，以時事穿鑿卻又於史實不合，弄巧成拙，反倒降低了《中說》一書的可信度，造成後世對於《中說》一書之真偽，眾說紛紜。認定文中子並無其人者，既已稱無其人，何復有其書？則稱此書必為偽書！稱《中說》為偽書者：有疑為阮逸偽撰者，有疑為王凝、王福郊、王福畤偽撰者，有疑為王勃所擬者等等。其複雜性，如姚際恆所說：「《文中子》一名《中說》，稱隋王通撰，宋阮逸注。世有以其姓名史所不載，疑并無其人者。……又有疑其書為阮逸偽造者，……說者又以為出於其子福郊、福畤之所為，……通耶？郊耶？畤耶？吾不得而知之；總不若火其書之為愈也。」〔註29〕疑《中說》為阮逸偽作者：計有洪邁〔註30〕、晁公武〔註31〕、王明清〔註32〕等人。但對此說法，亦有葉大慶〔註33〕、陳龍川等人駁斥反對，陳龍川這麼說道：「文中子亞弟凝，晚始以授福郊福畤，遂次為十篇，各舉其端二字以冠篇首，又為之序篇焉，惟阮逸所著本有之，至龔鼎臣本得唐本於齊州李冠家，則以甲乙冠篇，而分篇始末皆不同，又本文多與逸異，然則分篇，緒篇未必皆福郊、福畤之舊也。」〔註34〕也有懷疑《中說》為王凝、王福郊、王福畤等偽作，例如像朱熹〔註35〕、宋濂〔註36〕、周中孚〔註37〕、俞正燮〔註38〕等人，但根據朱熹與宋濂的說法，雖指稱《中說》有牽合附益之嫌，但卻未敢果斷地認定此書必為偽作，而此類論點皆與司馬光〈文中子補傳〉所云：「其子弟譽之太過，更使後人莫之敢信也」〔註39〕相去不

〔註29〕 同註5，頁35～37。

〔註30〕 〔宋〕洪邁：《容齋續筆》（臺北：新文豐出版公司，民國86年3月，《叢書集成三編》），卷一〈文中子門人〉，頁5上。

〔註31〕 〔宋〕晁公武：《郡齋讀書志》（臺北：廣文書局，民國56年12月），卷一○，儒家類，頁18。

〔註32〕 同註4。

〔註33〕 〔宋〕葉大慶：《考古質疑》（臺北：廣文書局，民國58年1月），卷五，頁2～3。

〔註34〕 〔宋〕陳亮：《陳亮集》（臺北：鼎文書局，民國67年11月），卷一四〈類次文中子引〉，頁169。

〔註35〕 〔宋〕朱熹著、〔宋〕黎靖德編：《朱子語類》（臺北：文津出版社，民國75年12月），卷一三七〈戰國漢唐諸子〉，頁3256。

〔註36〕 〔明〕宋濂：《宋學士全集》（臺北：新文豐出版公司，民國74年3月，《叢書集成新編》），卷二七〈諸子辯〉，頁1006、1007。

〔註37〕 〔清〕周中孚：《鄭堂讀書記》（北京：中華書局，1993年1月），卷三六，頁668下。

〔註38〕 〔清〕俞正燮：《癸巳存稿》（臺北：新文豐出版公司，民國74年3月，《叢書集成新編》），卷一四〈法言文中子〉，頁424～425。

〔註39〕 同註22。

遠。周、俞二家說法則過於武斷，《中說》書中部份內容雖於史實不合，但不宜單憑此點斷定全書爲僞作。除此，又有某些人質疑《中說》爲王勃僞作，如章太炎曰：「案通弟王續既以通比仲尼，子姓襲其唐虞宜然，然其年世尚近，不可顛倒，而勃去通稍遠矣，生既不識李、房、杜、陳之疇，比長故老漸凋，得以妄述其事，《唐書》稱通嘗起漢魏盡晉作書百二十篇，《續古尚書》有錄無書者十篇，勃補完缺遺，足箸二十五篇，由今驗之，《中說》與〈文中子世家〉，皆勃所譸諞也。」〔註40〕汪吟龍先生對此說多有批評，〔註41〕汪吟龍先生極力反駁章氏之說於事實不吻，汪氏云：「先生既謂《中說》爲王勃僞撰，又疑爲唐人所擬，主見未能確定。」〔註42〕

另外，還有一部份學者懷疑《中說》爲王通所僞作，清末梁啓超稱：「有虛構僞事而自著書以實之者，此類事在史中殊不多觀。其中最著之一例，則隋末有妄人曰王通者，自比孔子，而將一時將相若賀若弼、李密、房玄齡、魏徵、李勣等皆攀認爲其門弟子……此種病狂之人，妖誣之書，實人類所罕見，而千年來所謂『河汾道統』者，竟深入大多數俗儒腦中，變爲眞史跡矣。嗚呼！讀者當知，今古妄人非僅一王通，世所傳墓志、家傳、行狀之屬，汗牛充棟，其有以異於《文中子》者，恐不過程度問題耳。」〔註43〕對此，尹協理、魏明二位先生說明道：「王通卒於隋大業十三年……王通卒時，隋煬帝還未被殺，隋代尚未滅亡，房玄齡、魏徵、杜如晦、杜淹、李靖、李勣、陳叔達等人還沒有成爲『一時將相』、『唐初名臣』，怎麼能談得上將他們『攀認爲其門弟子』呢？」〔註44〕所以，最有可能的情況是《中說》乃王通所述，門人薛、姚等所記，其弟其子王凝、王福郊、王福時等附益之，因爲執此說法者言之成理，立論亦不甚武斷，或較爲可信。司馬光〈文中子補傳〉稱：「今其《六經》皆亡，而《中說》出於其家，雖云門人薛收姚義所記，然余觀其書，竊疑唐室既興，凝與福時輩，依並時事，從而附益之也。」〔註45〕葉大慶亦稱：「《中說》非阮逸所作甚明，續考《中說》亦有可疑處，往往王氏子

〔註40〕章太炎：《章氏叢書》（臺北：世界書局，民國47年7月），〈檢論〉卷四，頁1下。

〔註41〕汪吟龍：《文中子考信錄》（臺北：臺灣商務印書館，民國62年4月），頁87～90。

〔註42〕同前註，頁95。

〔註43〕梁啓超：《中國歷史研究法》（臺北：里仁書局，民國83年12月），頁138。

〔註44〕同註9，頁18。

〔註45〕同註10，頁22上～23下。

弟如王凝福時，不無附會於其間，如《中說》李德林兩度請見，德林死於開皇七年，文中子方七歲，此其謬誤，故謂王凝、福時附會於其間。」〔註46〕程明道曰：「文中子本是一隱君子，世人往往得其議論，附會成書。」〔註47〕《欽定四庫全書總目》：「知所謂文中子者，實有其人，所謂《中說》者，其子福郊、福時，纂述遺言，虛相夸飾，亦實有其書。」〔註48〕由於《中說》一書中：李德林、關子明、薛道衡等事，於史不符，又魏徵、房玄齡、李靖等一時名相名將實非王通門徒，《中說》書後附錄的內容亦有備受爭議處，故《中說》確有受王凝、王福郊、王福時從中附會之嫌。然則因此否定全書，亦屬太過。駱建人先生稱：「以《中說》確為文中子門人所記，而其後曾有附益之說，為近情可信，惟此殊亦無害於文中子之學術本真。」〔註49〕尹協理、魏明二位先生亦稱：「《中說》一書的編寫體例屬語錄式，亦即《論語》式，記載的是王通與其門徒、朋友問答之語，且涉及王通身後之事，故很可能是王通門人及其後代搜集、追記、整理而成，而不可能是出自王通本人的手筆。因為只是記錄或追記，不可能完全符合原字句。但是，既然他們整理的《中說》基本上符合王通本人的思想，那麼，我們就不能認為《中說》是偽書，不能認為是門人，或王凝父子，或王福時兄弟等人所偽造。」〔註50〕是故大部份學者並未否認《中說》之思想與價值。另外關於以《中說》內王通「門人之誤」來質疑王通其人其書之真偽，李小成先生說道：「對《中說》及〈文中子世家〉所列文中子門人，有相當一部分屬於誤入，或凝與福時為炫耀其門廷所為，不盡屬實。」〔註51〕由此即便是要質疑，我們當質疑的是王凝與王福時之輩，而不宜獨斷地去否定《中說》此書之價值與王通精闢的學說思想。

〔註46〕同註33，頁4。

〔註47〕〔宋〕朱熹編：《近思錄》（臺北：金楓出版有限公司，民國86年5月），卷一四，頁133。

〔註48〕〔清〕紀昀：《欽定四庫全書總目》（臺北：藝文印書館，民國86年9月），卷九一，子部，儒家類一，頁26下。

〔註49〕駱建人：《文中子研究》（臺北：臺灣商務印書館，民國79年7月），頁73。

〔註50〕同註9，頁28～29。

〔註51〕李小成：《文中子考論》（甘肅蘭州：西北師範大學文學院博士學位論文，2005年5月），頁97。

第三章 《中說》之道德觀

　　王通所謂的「道」等同於儒家思想中的仁義道德，儒家思想的本質也就是道德思想及其實踐，王通儒學體系亦不離道德，縱然《中說》之中論說政治、王道之處甚多，其根本卻一如初衷、絲毫未偏離道德，事實上明王道也是一種督促君主對道德的實踐，能以儒家思想的仁德潤澤百姓，這便是儒學對於「外王」的訴求。王通儒學體系中所談論的道德觀則是一種由「內聖」的工夫推廣至「外王」事業的歷程主張，其範疇概括甚廣而包含一切儒家德目，論仁說性、談德性修養，以及講述其形上學觀點，此皆是對於傳統儒學的一種活化作用與倡導強調，王通的這些文字思想對於儒家而言是非常具有延續性與開創性意義的，再觀於漢末至南北朝之間的世衰道微，儒學逐漸傾頹湮沒，王通能在此緊要關頭時義無反顧地挺身而出著述講學、重申儒家道德仁義，更是具有劃時代的深厚意義。談及《中說》的道德觀，在王通的儒家思想當中，其所志之「道」指的究竟是什麼？《中說》中即有如下的記載：

> 吾家頃銅川六世矣，未嘗不篤於斯，然亦未嘗得宣其用。退而咸有
> 述焉，則以志其道也。……余小子獲睹成訓勤九載矣，服先人之義，
> 稽仲尼之心，天人之事、帝王之道，昭昭乎！〔註1〕

> 吾於天下，無去也，無就也，惟道之從。〔註2〕

> 陳叔達謂子曰：「吾視夫子之道，何其早成也？」子曰：「通於道有

〔註1〕 〔隋〕王通撰、〔宋〕阮逸注：《中說》（臺北：臺灣中華書局，民國68年2
　　　　月，臺三版，中華書局據明世德堂本校刊），卷一〈王道篇〉，頁1。
〔註2〕 同註1，卷二〈天地篇〉，頁7。

志焉，有焉取乎早成耶？」〔註3〕

叔恬曰：「天下惡直醜正，凝也獨安之乎！」子悄然作色曰：「神之聽之，介爾景福。君子之於道也，死而後已。天不為人怨咨而輟其寒暑，君子不為人之醜惡而輟其正直。然汝不聞〈洪範〉之言乎？『平康正直』，夫如是，故全。今汝屑屑焉，三德〔註4〕無據而心未樹也。無挺、無訏、無固、無抵，斯之謂側僻。民用僭忒，無乃汝乎？」叔恬再拜而出。〔註5〕

「惟道之從」、「君子之於道也，死而後已。」這即是王通對道的堅持，而王通所謂的道與他所傳之道，其實是上有所承的，追根究底這大道便是孔夫子之道、聖人之道，他傳揚儒家道德仁義的思想，為的就是讓聖賢大道普遍地施行於世間，能將這道散佈於天下，對己而言是能顯揚道德德性，應用於政治之上，便是君主能施行王道以守山河之固，最終更是期望達成安康太平的理想治世。如《中說》所載：

賈瓊請《六經》之本，曰：「吾恐夫子之道或墜也。」〔註6〕

子登雲中之城，望龍門之關，曰：「壯哉！山河之固。」賈瓊曰：「既壯矣，又何如焉？」子曰：「守之以道。」〔註7〕

子觀田，魏徵、杜淹、董常至。子曰：「各言志乎！」徵曰：「願事明王，進思盡忠，退思補過。」淹曰：「願執明王之法，使天下無冤人。」常曰：「願聖人之道行於時，常也無事於出處。」子曰：「大哉！吾與常也。」〔註8〕

王通講學著述的出發點，乃是惟恐儒家思想的衰微、仁義道德的墜亡摧毀。若孔子之道墜，道德隨之淪亡則山河之險不足依恃，國將不國、君將不君而臣將不臣，蒼生黎民則必有冤。王通要弟子各言其志，其中唯有董常所說：「願聖人

〔註3〕 同註1，卷六〈禮樂篇〉，頁5～6。
〔註4〕 三德：「一曰正直，二曰剛克，三曰柔克。平康，正直；強弗友，剛克；燮友，柔克。沈潛，剛克；高明，柔克。」詳見〔漢〕孔安國傳、〔唐〕孔穎達疏：《尚書》（臺北：藝文印書館，民國68年3月，《十三經注疏》），卷一二〈洪範〉第六，頁15上
〔註5〕 同註1，卷八〈魏相篇〉，頁7。
〔註6〕 同註1，卷四〈周公篇〉，頁7。
〔註7〕 同註1，卷一〈王道篇〉，頁6。
〔註8〕 同註1，卷二〈天地篇〉，頁3～4。

之道行於時，常也無事於出處。」〔註9〕最能讓王通感到欣慰滿意。事實上，吾輩不難察覺此段文句似曾相識，《論語・先進篇》有載：「子曰：『何傷乎？亦各言其志也。』曰：『莫春者，春服既成；冠者五六人，童子六七人，浴乎沂，風乎舞雩，詠而歸。』夫子喟然歎曰：『吾與點也。』」〔註10〕曾點所回答的志向之所以能讓孔子認同，因其道出了太平盛世的景象。要有太平的結果，必得先有構成太平的先決條件，那便是聖人之道昌明、仁義道德普及。董常所回覆王通的答案與此正有異曲同工之妙，聖人之道若能行於時，使仁義道德、孝悌忠信充沛人心，則在上位者垂拱即可安治天下，又何須執掌明王法紀來約束子民，而為政者若能領略遵循著儒家的王道思想，以道德仁義教化黎民、風行草偃，則又有哪位君主不是明王呢？為人臣則何須另外等待明王的降世才能夠事君安民。《中說》裡頭所謂的「道」除上述之外，如果欲更深刻地闡釋說明，那便是王通再三強調闡明的「中道思想」，他以中道來概括儒家思想中許多重要的德目，以下便對於《中說》書中所載王通之中道思想、對仁與性的論述、其天命觀點、修養道德的工夫等等，逐一地研析統整並分節探討之。

第一節　中道思想

　　中道思想對於傳統的儒家思想而言是極為嶄新的觀念，《中說》書中屢屢強調著所謂的中道思想，中道思想儼然成為王通儒學的重心所在，然則中道思想究竟為何？阮逸在〈中說序〉裡頭是這麼闡釋道：「大哉！中之為義，在《易》為二五，在《春秋》為權衡，在《書》為皇極，在《禮》為中庸。謂乎無形，非中也；謂乎無象，非中也。上不蕩乎虛無，下不局於器用，惟變所適，惟義所在。此中之大略也。《中說》者，如是而已。」〔註11〕一般就字面上的涵義就將「中道」解釋為「中庸之道」，這是較為狹義的詮釋，據阮逸解釋「中道」落在《禮》來詮釋才為「中庸之道」，在其它經典來說便不單侷限於此，由此可知「中道」廣義地解釋並不只是「中庸」，在「權衡」、「惟變所適」的前提下，更可以詮釋為對人倫秩序和諧的追求。對於「中」字涵義，亦可參見於《論語・堯曰》所載：

〔註9〕　同前註。
〔註10〕　〔宋〕朱熹註：《四書集註》（臺南市：大孚書局有限公司，民國80年3月），《論語》卷六〈先進〉第一一，頁76。
〔註11〕　同註1，〈文中子中說序〉，頁2。

堯曰：「咨！爾舜！天之曆數在爾躬。允執其中。四海困窮，天祿永
終。」舜亦以命禹。曰：「予小子履，敢用玄牡，敢昭告于皇皇后帝：
有罪不敢赦。帝臣不蔽，簡在帝心。朕躬有罪，無以萬方；萬方有
罪，罪在朕躬。」周有大賚，善人是富。「雖有周親，不如仁人。百
姓有過，在予一人。」謹權量，審法度，修廢官，四方之政行焉。
興滅國，繼絕世，舉逸民，天下之民歸心焉。所重：民、食、喪、
祭。寬則得眾，信則民任焉，敏則有功，公則說。〔註12〕

「中道」，顧名思義就是一種無所偏倚的正道，也就是儒家的道德思想，儒家
的仁義、性善、王道，廣義而言更可以泛指為一切儒家的道德德目。若以「中
道」與〈中庸〉的思想關係為例，朱熹曾對儒家的中庸之道進行理解：

子程子曰：「『不偏之謂中，不易之謂庸。中者，天下之正道；庸者，
天下之定理。』此篇乃孔門傳授心法，子思恐其久而差也，故筆於
書，以授孟子。其書始言一理，中散為萬事，末復合為一理。放之
則彌六合，卷之則退藏於密。其味無窮，皆實學也。善讀者玩索而
有得焉，則終身用之有不能盡者矣。」〔註13〕

觀「中庸之道」，實可稱說它是一門蘊涵著寶貴智慧，取之便能受用無窮的儒
家哲理。正是所謂：「天命之謂性，率性之謂道，修道之謂教。道也者，不可
須臾離也；可離，非道也。」〔註14〕中庸之道是儒者不論身處何地，無時無
刻都不可違背的至中至正的大道；中庸之道是「中和之道」，〔註15〕是至誠的
道德哲學，是須博學、審問、慎思、明辨、篤行的儒家道德理想。〔註16〕《中
說》中有相關記載：

子謂叔恬曰：「汝為《春秋》、《元經》乎？《春秋》、《元經》於王道，
是輕重之權衡，曲直之繩墨也。失則無所取衷矣。」〔註17〕

文中子曰：「帝者之制，恢恢乎其無所不容，其有大制，制天下而不
割乎！其上湛然，其下恬然。天下之危，與天下安之；天下之失，

〔註12〕同註10，《論語》卷一〇〈堯曰〉第二〇，頁136～137。
〔註13〕同註10，〈中庸〉，頁1。
〔註14〕同前註。
〔註15〕同註10，〈中庸〉，頁2。
〔註16〕同註10，〈中庸〉，頁18～19。
〔註17〕此段〔宋〕阮逸注云：「衷，中也。過則抑之，不及則勸之，皆約歸中道。」
引書同註1，卷三〈事君篇〉，頁4。

　　與天下正之。千變萬化，吾常守中焉。其卓然不可動乎！其感而無
　　不通乎！此之謂帝制矣。」〔註18〕

　　子曰：「事之於命也，猶志之有制乎，非仁義發中，不能濟也。」
〔註19〕

無論天下如何變化無窮，凡君子者不能隨波逐流，必須有所變、有所不變。
即使造次顛沛都不能絲毫改變的就是道德意志與道德原則，王通的思想雖主
張通權達變，但對於道德卻是分毫不變、始終如一的，他所謂的「千變萬化，
吾常守中焉。」其實也就是這個道理。中道思想是不容許改變更動的，就等
同於道德是不容許違背的，而仁、義、禮、智等等諸德目即是君子所當遵行
的大道，是死而後已的唯一真理。中道思想對內可說是用來要求自我的道德
信念與原則，是道德本體，有本體的存在便能衍生出無限的妙用，中道思想
的發揮除卻是一種道德修養，對外它也可以廣泛地運用在政治之上，以王道
思想的仁政德治來安頓人民。如下所述：

　　子曰：「愛生而敗仁者，其下愚之行歟！殺身而成仁者，其中人之行
　　歟！游仲尼之門，未有不治中者也。」〔註20〕

　　子曰：「政猛寧若恩，法速寧若緩，獄繁寧若簡，臣主之際其猜也寧
　　信，執其中者，惟聖人乎！」〔註21〕

聖賢為最上，聖賢之徒拜於其門下服膺於道德仁義，便是篤志於中道，既然
遵循著中道思想則已離聖賢的道德境界不遠了。對於王通的中道思想，王明
欽先生稱讚道：「在整個隋唐儒學變革和宋明理學形成過程中，最先觸及到這
一問題的也是王通，盡管他沒有提出『理』這個範疇，但他的『道』與『理』
是相同的。」〔註22〕王通的中道思想是對儒家道德思想的凝煉與濃縮，是由
藍火當中再取出純青的部份。王明欽先生稱讚王通的中道思想是正確的，王
通儒學不太談陰陽五行，至於太極、無極等概念更不曾提起，王通學說所採
之進路並不是援引佛、道詞彙或思想來擴充傳統儒家思想，這與宋朝理學萌
生之初周濂溪、張橫渠等人的理學思想畢竟還是不太類似，何況程伊川、朱

〔註18〕同註1，卷四〈周公篇〉，頁6。
〔註19〕同註1，卷五〈問易篇〉，頁4。
〔註20〕同註1，卷三〈事君篇〉，頁5。
〔註21〕同註1，卷一〇〈關朗篇〉，頁2。
〔註22〕王明欽：〈王通主體思想管窺〉，《史學月刊》第一一期（2005年），頁121。

子二人皆不太認同王通闡述儒學之方向，眾多理學家中惟有陸九淵、王陽明對王通有正面的認同與肯定，但陸、王兩人並不是處於理學形成之初，又宋明理學有派系之分，例如朱熹一派的理與陸王一派的理之內容就已經有所分歧，倘若說王通的中道之「道」與理學之「理」是相同的，那麼又是與哪一派的理相同呢？所以這說法確實也太過於含糊籠統了！王通提出中道思想的價值在於對傳統儒學的焠煉、活化，以及對於傳統儒家思想的重申與再強調，在光復儒學的偉大事業上，王通的貢獻是不容否認的。

第二節　論仁與性

王通論仁與性，說仁是五常之開端，性是五常之根本，所以其道是貫徹五常之道。仁之端是惻隱之心，惻隱之心由性之本然而生，性之本然即是至善的，就是孟子所說：「水信無分於東西，無分於上下乎？人性之善也，猶水之就下也。人無有不善，水無有不下。今夫水，搏而躍之，可使過顙；激而行之，可使在山，是豈水之性哉？其勢則然也。人之可使爲不善，其性亦猶是也。」〔註23〕對於性的理解，荀子卻採取不同於孟子的看法，荀子說道：「人之性惡，其善者僞也。今人之性，生而有好利焉，順是，故爭奪生而辭讓亡焉；生而有疾惡焉，順是，故殘賊生而忠信亡焉；生而有耳目之欲，有好聲色焉，順是，故淫亂生而禮義文理亡焉。」〔註24〕孟荀雖同屬儒家人物，對人性的認知卻從迥異的角度觀察，孟子看出了人皆有惻隱之心、有爲善的可能性，一旦能發揮這種性善之本體便完全合乎道德仁義，而道德仁義對於人類社會而言是必須的，所以孟子要教人們去認知並發顯這種性善之道德本體，孟子是從光明面來講人性。荀子從欲求層面來談論人性，則無法突顯出人之所以爲人的價值眞諦，人之所以能異於禽獸，便是性善四端。荀子對儒家道德的闡述不如孟子之原因，便是孟子把道德融合於人性之中，如此道德就是一種由內而外的發顯實踐；荀子以人性可以趨之於善來自人性之僞，則道德將變成一種由外而內的約束力，與法家那種權威性的外在要求已經相去不遠了，兩者不同之處是在於荀子是以禮樂形式來約束人們，而法家則是以

〔註23〕同註10，《孟子》卷六〈告子上〉，頁157～158。
〔註24〕〔清〕王先謙：《荀子集解》（臺北：藝文印書館，民國89年5月），卷一七〈性惡篇〉第二三，頁1。

刑法賞罰約束人們。荀子一派儒學特色在於將禮樂完全給外化了，如此的道德仁義只能成為一種被動地作為而已，是故荀子才會被後人視之為傳統儒學的歧出者，繼孟、荀之後，王通對於仁與性的觀點與闡釋如下：

> 子謂周公之道，曲而當，和而怨，其窮理盡性以至於命乎！〔註25〕

> 樂天知命，吾何憂？窮理盡性，吾何疑？〔註26〕

> 我未見欲仁好義而不得者也。如不得，斯無性者也。〔註27〕

> 以性制情者鮮矣。我未見處歧路而不遲迴者。《易》曰：「直方大，不習無不利。則不疑其所行也。」〔註28〕

性之所以重要，因為人的本性就是道德本體的發源處，是至誠至善的，所以王通強調窮理盡性。窮理並不是窮盡天下間的知識與萬事萬物之理，由於天下間的知識事理無窮，要窮究格盡一切外界之理這是不可能的，若勉強為之便如莊子所說：「吾生也有涯，而知也無涯。以有涯隨無涯，殆已。」〔註29〕所以王通所謂窮理盡性之中所指的理，當不會是外在的知識與事物之理，而是專指道德仁義之理，道德仁義上合於天，所以也可說是天道與性命通貫融合、無所分離之天理。窮理盡性便是認知天理的道德意志之後而發顯出性善之道德主體，道德主體是人所與生具備的本性，這本性是至誠至善的，然則性是善而情是惡、性的發顯是仁義而情的表現卻是私欲，是故王通主張以性制情，這種觀念也可說是一門道德修養的工夫。為什麼性可制情？又為什麼情必得被性所制？這顯然是性善情惡的觀念影響所導致，這種觀念就如同蘇綽所說：「人受陰陽之氣以生，有情有性。性則為善，情則為惡。」〔註30〕性善情惡的觀念李翱說的又更詳盡了，李翱的《復性書》這麼說道：「人之所以為聖人者，性也；人之所以惑其性者，情也。喜、怒、哀、懼、愛、惡、欲七者，皆情之所為也。情既昏，性斯匿矣。非性之過也，七者循環而交來，故性不能充也。」〔註31〕王通對於

〔註25〕 同註1，卷四〈周公篇〉，頁1。
〔註26〕 同註1，卷五〈問易篇〉，頁1。
〔註27〕 同註1，卷八〈魏相篇〉，頁6。
〔註28〕 同註1，卷九〈立命篇〉，頁4。
〔註29〕 〔晉〕郭象註：《莊子》（臺北：藝文印書館，民國89年12月），卷二，內篇〈養生主〉第三，頁1。
〔註30〕 〔唐〕李延壽：《北史》（臺北：臺灣商務印書館，民國57年9月，臺二版，《百衲本二十四史》），卷六三〈蘇綽傳〉列傳第五一，頁9上。
〔註31〕 〔唐〕李翱：《李文公集》（明成化乙未十一年邵武郡守馮師虞刊後代修補本），卷二〈復性書上〉，頁5。

性與情的想法是將性情二分的，且認爲性是純然至善而情卻是人的感官欲望，一旦放縱這種情欲對道德主體而言是有害的，所以他讓人顯揚本性中的至善，而至善將表現出仁，仁既顯揚則可帶出眾德，所以情之惡定能被性之善完全壓制消弭，道德就自然能發揚光大。王通也曾引僞《尚書》〈虞書・大禹謨〉〔註32〕之語更進一步說道：「人心惟危，道心惟微，言道之難進也，故君子思過而預防之，所以有誠也。」〔註33〕人心之所以危亂不安只因爲它是放縱於情，而道心之精闇細微則其實就是人性之本善，倘使能夠「以性制情」那便是發顯道心來統御人心，如此以性善之道德主體來履仁行義又有何難呢？另外，王通又以五常來闡明仁與性，如下所述：

> 薛收問仁。子曰：「五常之始也。」問性。子曰：「五常之本也。」
> 問道。子曰：「五常一也。」〔註34〕

五常是王通所強調的道德理念，五常之道由仁發端，仁本就是孔子最著重的德目，仁足以統攝眾德，若能以仁爲本體則一切道德運用無窮。仁是眾德目之首、道德之根源，也是人格發展的理想道德境界。因爲仁並不是一種死硬的教條，也不是遙不可及的目標，爲了突顯人皆有行仁爲善之本能，所以孟子又由性善處談論仁、義、禮、智四端。王通由於能領略仁的價值與重要性而謂仁爲五常之始，能了解仁由性善而出的道理，所以稱性爲五常之本。王通說所謂的道是「五常一也」是極具見地的，五常由仁肇端，仁從人性之善發顯，性善帶出仁，仁一旦顯現則義、禮、智、信乃至於孝、悌、忠、恕、廉等等一切德目將同時具備齊全。王通所說的五常其實不該是分割來看的，就像儒家一切道德德目，不是脫離仁而各別的體會，或逐一的認知實踐完成，它是在性善仁心的牽動之下，讓所有道德一併融合而發顯。當然要達成這種理想境界是極困難的，以人們懷有好利益與聲色的慾望層面來說更是難上加難，然而以孔孟的立場而言，舉凡君子儒者在明知其困難的情況下卻更須要堅持道德意志的必然，再進一步地由己身對於道德的體認與履行並且推及教化他人。在王通認爲的仁自然會是一種最高標準的道德要求與最崇高的道德人格，要稱爲仁人並不是輕而易舉、一蹴可及的事。對此《中說》這麼記載道：

> 叔恬曰：「山濤爲吏部，拔賢進善，時無知者，身歿之後，天子出其

〔註32〕同註4，卷四〈大禹謨〉第三，頁8下。
〔註33〕同註1，卷五〈問易篇〉，頁2～3。
〔註34〕同註1，卷七〈述史篇〉，頁3。

奏於朝，然後知群才皆濤所進，如何？」子曰：「密矣。」曰：「仁乎？」子曰：「吾不知也。」〔註35〕

或問荀彧、荀攸。子曰：「皆賢者也。」曰：「生死何如？」子曰：「生以救時，死以明道，荀氏有二仁焉。」〔註36〕

王通論仁，所謂的仁，除卻是己身內在的道德準則，發顯於外，更有明道、救時弊等崇高的節操及行動，如山濤這般拔賢舉能雖是慎密卻仍然無法稱得上是仁人。山濤甘願依附在暴戾無道的司馬政權底下，本身就已經失去了超然的道德立場，是故他舉薦賢才的行爲反倒是陷人於不義之舉措，莫怪乎嵇康受到山濤舉薦之時，嵇康一方面表明自身不仕之決心，另一方面他也對山濤這種舉薦行爲感到失望痛心。王通稱讚荀彧、荀攸皆仁，但是同樣身爲賢者仁人，何以荀彧死、荀攸生？荀彧是爲了明道而死，以死明道或也可說是以死明志。荀彧唯獨盡忠於漢室，故其佐助曹操之目的在於正朝安國，其所欲正之朝當指漢朝。《三國志·荀彧傳》記載：「建安十七年，董昭等謂太祖宜進爵國公，九錫備物，以彰殊勳，密以咨彧。彧以爲太祖本興義兵以匡朝寧國，秉忠貞之誠，守退讓之實；君子愛人以德，不宜如此。太祖由是心不能平。會征孫權，表請彧勞軍於譙，因輒留彧，以恃中光祿大夫持節，參丞相軍事。太祖軍至濡須，彧疾留壽春，以憂薨，時年五十。諡曰敬侯。明年，太祖遂爲魏公矣。」〔註37〕荀彧忠於漢，見曹操有篡漢自立的野心，極不贊同，認爲曹操進爵國公實爲不仁不義的僭越之舉，是故荀彧憂慮而亡，以死明志，所以王通稱荀彧是「死以明道」的賢者。荀攸則是完全迥異於荀彧，他是「生以救時」的賢者，荀攸並不是爲了功名富貴，而苟且偷生的依附於魏。既然是生以救時，表示他存活的目的完全是爲了淑世，有拯救時弊、關愛蒼生的用心。這情況便有如孟子所稱：「伯夷，聖之清者也；伊尹，聖之任

〔註35〕同註1，卷二〈天地篇〉，頁1。

〔註36〕此段〔宋〕阮逸注云：「彧字文若，佐魏祖有大功，或謂魏祖宜加九錫，彧曰：『本起義兵所以正朝安國也。君子愛人以德，不宜如此。』魏祖聞之不悅，彧飲藥而死。彧從子攸，字公達，魏國初建，參謀帷幄，舉事慎密，雖子弟不能知。魏祖常稱曰：『荀令君之仁，荀軍師之智。』又曰：『令君舉善，不進不休。軍師去惡，不去不止。』然彧初仕漢，漢亡則死。攸獨仕魏，魏存則生。明道救時，皆謂仁矣。」引書同註1，卷四〈周公篇〉，頁4～5。

〔註37〕〔晉〕陳壽：《三國志》（臺北：臺灣商務印書館，民國57年9月，臺二版，《百衲本二十四史》），魏志卷一〇〈荀彧傳〉，頁11上。

者也；柳下惠，聖之和者也；孔子，聖之時者也。」〔註38〕是故我們可以藉此理解，荀或之死有如伯夷，荀攸之生有如伊尹，一者以明道而死、一者為救時而生，王通很能體會二人的用心，所以才稱讚說荀或、荀攸皆為賢者仁人。由是可知仁的境界實屬不易，也就因為如此不易才須要聖賢君子的諄諄告誡與闡揚，王通對於儒家道德仁義的重視與努力可謂是不遺餘力的，他誠然是以論仁說義為畢生的志業，並且將中道的涵義與仁的概念相互融合，其相關記載如下：

> 子曰：「愛生而敗仁者，其下愚之行歟！殺身而成仁者，其中人之行
> 歟！游仲尼之門，未有不治中者也。」〔註39〕

所謂「治中」指的就是對於「中道思想」的專注與致力，而儒者治中的目標便是成就仁德。王通在談論中道思想之時絕不會忽略仁的重要性，畢竟仁才是儒家思想最初始、最具意義的德目。《中說》載：

> 李密見子而論兵。子曰：「禮、信、仁、義，則吾論之；孤虛詐力，
> 吾不與也。」〔註40〕

王通只肯論述道德而不願意多談兵事，而他所說的禮、信、仁、義所指的不是一種實踐德目的先後順序，故研讀時不宜有所曲解進而產生以文害義的情況，事實上唯有仁才真正是儒家道德的中心思想所在，王通講禮、信、仁、義僅是行文的便宜罷了，絕對不是將禮、信的重要性置於仁、義之上。王通對於仁的領略是正確的，仁就是儒家思想中的要道、至德，它的價值地位是遠勝於禮、智、術、藝之上的，對此概念當參見以下所載：

> 薛收問至德、要道。子曰：「至德，其道之本乎！要道，其德之行乎！
> 《禮》不云乎：『至德為道本。』《易》不云乎：『顯道神德性。』」
> 〔註41〕

> 李靖問：「任智如何？」子曰：「仁以為己任。小人任智而背仁為賊，
> 君子任智而背仁為亂。」〔註42〕

> 薛生問：「智可獨行乎？」子曰：「仁以守之，不能仁則智息矣，安

〔註38〕同註10，《孟子》卷五〈萬章下〉，頁142。
〔註39〕同註20。
〔註40〕同註35。
〔註41〕同註7。
〔註42〕同註1，卷二〈天地篇〉，頁2。

－32－

所行乎哉？」〔註43〕

賀若弼請射於子，發必中。子曰：「美哉乎，藝也。古君子志於道、
據於德、依於仁，而後藝可游也。」〔註44〕

子曰：「射以觀德，今亡矣。古人貴仁義，賤勇力。」〔註45〕

（杜淹）問道之旨。子曰：「非禮勿動，非禮勿視，非禮勿聽。」淹
曰：「此仁者之目也。」子曰：「道在其中矣。」〔註46〕

禮、智、術、藝縱然不可謂不重要，但對於道德來講卻不是必要的，那只是
枝節、次要，性善仁義對於道德領域來說才是不可或缺的。儒家思想中「仁」
是必須優先來談論的，誠然可以說是道德必須在仁之中領略，而禮、智等等
也是應該在行仁當中感通體現。然則仁心與性善的概念一致等同而不可二
分，性是如此純粹的至善，仁是如此高尚的道德境界，性善誠然是人人生而
具備，人人皆有履踐道德的可能性，但是每個人真的都有辦法達到仁的最高
境界嗎？還是說這種至德要道終歸只是遙遠而無法碰觸的理想？孔聖人並不
這麼認為，孔子說道：「仁遠乎哉？我欲仁，斯仁至矣！」〔註47〕儒家思想中
仁的境界儘管是最崇高的理想，但絕不是曲高和寡的空談，更不是一種紙上
談兵的理論，孔子強調只要有志於此，求仁就能夠得仁，王通也曾經對門徒
灌輸過這種理念，詳細情形如下所載：

子謂收曰：「我未見欲仁好義而不得者也。」〔註48〕

董常歎曰：「善乎，顏子之心也。三月不違仁矣。子聞之，曰：「仁
亦不遠，姑慮而行之，爾無苟羨焉，惟精惟一，誕先登於岸。」常
出，曰：「慮不及精，思不及睿，焉能無咎？焉能不違？」〔註49〕

王通勉勵弟子，認為對於仁的履行實踐並不困難，行事之前要有所思慮，對
於道德的信念要專精專一，如此則離仁不遠了！王通儒學產生之背景誠是因
應時代動亂與百姓疾苦而生，所以《中說》對時局與政治範疇的部份談得很
多，反倒使得某些閱讀者誤以為王通所重視的單單是時變、世事、政治，誤

〔註43〕同註1，卷五〈問易篇〉，頁6。
〔註44〕同註1，卷三〈事君篇〉，頁2。
〔註45〕同註1，卷九〈立命篇〉，頁5。
〔註46〕同註21。
〔註47〕同註10，《論語》卷四〈述而〉第七，頁47。
〔註48〕同註27。
〔註49〕同註1，卷九〈立命篇〉，頁1～2。

認爲王通學說只是談王道霸業，更甚者就如朱熹一般批評王通學說未論及道德本體處。王通對於孔子強調的仁、孟子述說的性既然都已談到，這顯示著王通未嘗忽略儒家「內聖」方向之道德思想。

第三節　天命觀點

孔子比較少談論性與天道，所以子貢說過：「夫子之文章，可得而聞也；夫子之言性與天道，不可得而聞也。」〔註50〕儒家學說至孟子時提出性善四端便闡述了較多關於性的概念，而天道範疇的進路則多見於《中庸》、《易傳》。形上學的天道雖然也是儒家思想的一支，然而形上學的天道觀與天命論畢竟只是輔助人們藉由客觀天體去領略自身道德本體的方式，絕不可本末倒置地只顧著鑽研天道、天命，而忽略儒家思想道德仁義的重心所在。對於天道、天命等形上學範疇儒家學說之認知，在此雖強調不可以偏重，並不是表示著可以排斥偏廢，而是研讀者應該懂得以最妥善的方式看待它，也就是說有志於儒學之人當對儒家思想存有主體與客體的區分，道德仁義實際上是出自於人而非從天而降，孟子所講的性善四端、王通所言的五常中道都是起源於人的道德主體，並不是由帶有人格意志的天下令我們必須要這樣子做的，天畢竟只是客觀的自然宇宙，它沒有去教人們能去做什麼？不能去做什麼？該做什麼而不該做什麼？但爲什麼儒家思想要闡述天道與天命呢？這是因爲天體運作有其常道，如孔子所講的：「天何言哉？四時行焉，百物生焉，天何言哉？」〔註51〕天的特性是不言不語，作用是以四時爲序，並且創生百物。天是客觀的宇宙自然，既然不言不語，又怎麼會去命令人恪守道德、遵循天命呢？實際上根本就不是天由上至下地命令於人，而是人們由下達上地去感通於天，正是孔子所謂：「不怨天，不尤人；下學而上達。知我者其天乎！」〔註52〕天有四時合序、創生百物等自然作用，這是天的常態，簡言之這便是天道構成了和諧的宇宙秩序。人有孝悌忠信、仁義禮智等道德特質，這是人的常態，簡言之就是人道。人異於其他的飛禽走獸而有智慧思想，有認知與感通的能力，所以聖賢先儒才懂得以道德仁義之心性主體，去對應感通整個宇宙自然之形上客體，最後便形成儒家思想在孔孟之後

〔註50〕同註10，《論語》卷三〈公冶長〉第五，頁28。
〔註51〕同註10，《論語》卷九〈陽貨〉第一七，頁126。
〔註52〕同註10，《論語》卷七〈憲問〉第一四，頁102。

的一派新興學說，如《中庸》、《易傳》一般的道德範疇形而上學說，這便是儒家的天道觀、天命觀。所以要談王通的天命觀之前，吾輩先得對儒家的天道觀、天命觀具備清楚的認知，才能避免把主體客體混淆而導致捨本逐末的情況。牟宗三先生也這麼說道：「依儒家的立場來講，儒家有《中庸》、《易傳》，它可以向存在那個地方伸展。它雖然向存在方面伸展，它是道德的形上學。他這個形上學還是基于道德。……董仲舒是宇宙論中心，就是把道德基於宇宙論，要先建立宇宙論然後才能講道德，這是不行的，這在儒家是不贊成的，《中庸》、《易傳》都不是這條路。」〔註53〕所以我們應該知曉董仲舒對於儒學整體的認知是不足的，故而將儒家道德形上學的道路給誤認走偏了。君子對於天命的敬畏，也就是對於失德者下場的深刻省思，這種省思其實也就是儒者的憂患意識。如同徐復觀先生所云：「憂患意識，不同於作為原始宗教動機的恐怖、絕望。……憂患與恐怖、絕望的最大不同點，在於憂患心理的形成，乃是從當事者對吉凶成敗的深思熟考而來的遠見；在這種遠見中，主要是發現了吉凶成敗與當事者行為的密切關係，及當事者在行為上所應負的責任。憂患正是由這種責任感來的要以己力突破困難而尚未突破時的心理狀態。」〔註54〕至於王通對於天道、天命的觀點又是如何，這便是此節所要研析探討的重點，首先我們必須瞭解到王通對於天人關係是相當重視的。《中說》載：

> 余小子獲覩成訓，勤九載矣，服先人之義，稽仲尼之心，天人之事，
> 帝王之道，昭昭乎！〔註55〕

> 文中子曰：「《春秋》其以天道終乎，故止於獲麟；《元經》其以人事
> 終乎，故止於陳亡。於是乎天人備矣。薛收曰：「何謂也？」子曰：
> 「天人相與之際，甚可畏也，故君子備之。」〔註56〕

王通除了稽考仲尼之心來思索天人相與之際儒者所應該有的作為，是必須以道德觀去闡明天人之事之外，他還更進一步地擴展範圍地談論到天、地、人的三才關係，《中說》載：

> 子曰：「氣為上，形為下，識都其中，而三才備矣。氣為鬼，其天乎！

〔註53〕牟宗三：《中國哲學十九講》（臺北：臺灣學生書局，民國72年10月），頁76。
〔註54〕徐復觀：《中國人性史論・先秦篇》（臺北：臺灣商務印書館，民國92年10月），頁20～21。
〔註55〕同註1。
〔註56〕同註1，卷七〈述史篇〉，頁5。

識爲神，其人乎！吾得之理性焉。」〔註 57〕

薛收曰：「敢問天神、人鬼何謂也，周公其達乎？」子曰：「大哉！周公，遠則冥諸心也。心者，非他也，究理者也。故悉本於天，推神於天，蓋尊而遠之也。故以祀禮接焉。近則求諸己也。己者，非他也，盡性者也，卒歸之人，推鬼於人，蓋引而敬之也。故以饗禮接焉。古者觀盟而不薦，思過半矣。」薛收曰：「敢問地祇？」子曰：「至哉！百物生焉，萬類形焉，示之以民，斯其義也。形也者，非他也，骨肉之謂也。故以祭禮接焉。」收曰：「三者何先？」子曰：「三才不相離也，措之事業，則有主焉，環丘尚祀，觀神道也；方澤貴祭，察物類也；宗廟用饗，懷精氣也。」〔註 58〕

夫天者統元氣焉，非止蕩蕩蒼蒼之謂也。地者統元形焉，非止山川邱陵之謂也。人者統元識焉，非止圓首方足之謂也。〔註 59〕

天的特徵在於宰制妙運「氣」的作用，排列春、夏、秋、冬四時順序，以及區分陰陽晝夜明暗之別。地的特點在於雕刻塑造「形」的作用，成就高山、丘陵、江海、湖泊、川流之壯麗遼闊。人的特質在於思想、辨識、認知等能力，所以人跟蟲、魚、鳥、獸是截然不同的，萬物當中惟有人類懂得去探究思索世間上一切外在與內在的事理，由於對外在世界客觀地研究才會有自然科學、地理學、物理學等知識學問的產生，對內在心靈境界的探索才能有道德、仁義等思想學說的問世。王通所講的天人關係，更詳細地講其實是天、地、人的三才關係，他便是要我們曉得一個重要的道理：天有天的職責、地有地的義務、人有人的作爲。天的氣化能力與地的形塑能力不是人力可及的，但是如果反過來講，人的道德思想與認知能力不是天地所具備的。王通一方面強調「三才不相離也」，另一方面則主張「盡性者也，卒歸之於人」。或可以說人類對天、地所應該抱持的態度，只是在於認知天地妙運塑造的作用，感通天地創生萬物的大德，如此知悉天地客體的特質點到即可，並不是要人們廢寢忘食地去鑽研客觀宇宙的天道、天命之理，但也萬萬不可以無視於天地的存在，人的確還是應該去領略天地之理的，不過在此之前，我們更應該優先處理的終究還是人事與人道，更應該操心的終究還是治人之方與治世之法。

〔註 57〕同註 45。
〔註 58〕同註 45。
〔註 59〕同註 45。

　　就儒家思想而言，治人治世的最佳方法不外乎道德仁義、禮樂制度，道德仁義與禮樂制度其實皆是先王之制、古聖先賢之說，實際上不就都是道德範疇的人道，為何後來在指稱上卻超越人道，變成形上學的天道與天命呢？孔孟以儒家思想學說教誨人們，讓人們去發顯人性之中最純粹無邪的仁心性善，如此浩然的道德思想雖出自人道，卻又超越了人道，而被賦予天命、天道等等更偉大的美稱，事實上這樣的天命、天道已經不再是自然範圍的宇宙天地觀，更不是像董仲舒那類的讖緯迷信之說，它是一種歸屬於道德範疇的主觀形上學，若要查尋這種道德形上學的起源，那便是領略儒家思想之孔門弟子用道德觀去感通宇宙自然的天，久之便演化出蘊涵道德意志的另一種天，也就是稱做天道或天命的道德天。一般人對於天命很容易混淆的便是主體與客體的判別，畢竟儒家思想的道德觀才是主體，天命觀是後來才創造出的客體，天命觀絕不能反客為主地去概括道德觀，這點觀念是我們必須釐清的。王通對於天人關係的界定與理解是相當正確的，人對於天地、鬼神僅是一種觀察、尊敬、遙契、感通，這就是孔子所謂：「務民之義，敬鬼神而遠之，可謂知矣。」〔註60〕對於天地鬼神之事的遠之並不是完全不理會，而是不必過度地埋首專注於此，所以他才會由天地鬼神之事延伸說到「求諸己」、「卒歸之人」、「推鬼於人」，這在在證明了王通的儒學思想所關切的終歸還是人的議題，所開鑿的道路始終是以安頓生命做為前進的方向。王通所談論天地之道指的是宇宙自然的運作之道，這天地之心早初是不具備道德涵義的，就像荀子所講：「天行有常，不為堯存，不為桀亡。」〔註61〕但是倘若人們懂得以道德意識去感通那便另當別論了。《中說》載：

　　　子曰：「杜如晦若逢明王，於萬民其猶天乎！」董常、房玄齡、賈瓊
　　　問曰：「何謂也？」子曰：「春生之，夏長之，秋成之，冬斂之，父
　　　得其為父，子得其為子，君得其為君，臣得其為臣，萬類咸宜，百
　　　姓日用而不知者，杜氏之任，不謂其猶天乎！」〔註62〕

宇宙自然、天理循環有其恆常的運作方式，這便是四時不失序的天之道。人生於世有該當遵循的責任，是故君臣、父子不違背逾越各自的本份，這就是恪遵道德倫常的人之道，經由闡揚道德者的感通最終才把人道與天道相互地

〔註60〕同註10，《論語》卷三〈雍也〉第六，頁38。
〔註61〕同註24，卷一一〈天論篇〉第一七，頁12。
〔註62〕同註1，卷一〈王道篇〉，頁4。

－37－

融合與統一，早初的宇宙自然天及天道運行之常理僅是一種未含蘊道德意志的客觀形態，其後經由先聖先賢的轉化與重新闡釋，便成了儒家思想中的天道觀與天命觀，是故這便已與道德觀念融會貫通而不分彼此了！如《中說》所載：

> 子曰：「圓者動，方者靜，其見天地之心乎！」〔註63〕

> 宇文化及問天道人事如何。子曰：「順陰陽仁義，如斯而已。」〔註64〕

> 薛收問：「聖人與天地如何？」子曰：「天生之，地長之，聖人成之，故天地立而易行乎其中矣。」〔註65〕

> 天不爲人怨咨而輟其寒暑，君子不爲人之醜惡而輟其正直。〔註66〕

上述各章王通皆是站在儒家勸化的立場，讓人們以道德觀去感通天道，再將天道與人事相互搭配併言，這是希望人們懂得以道德仁義做爲行事原則進而能與天地相提並論。上述所說圓與方是天地的客觀樣貌形態，動與靜是天地運化之特色，「見天地之心」的主體則是人之心，客體是天地之樣貌形態與其妙運萬物的特點，人以心來認知感通天道天理並以之和人事相串聯，譬如觀察到天道之順應陰陽晝夜，便聯想到人事之遵循道德仁義，則這種以天地爲心之「心」便是蘊涵道德意識的感通與體認之性善仁心。吾輩對於天道天命之解說，實際上可以把它當成是聖賢們以道德的眼光對於客觀宇宙自然現象的感通及重新詮釋，而王通對於儒家天道天命的領略也正同此一般，另一方面也在於藉此引領人們發揮自身的認知與感通之心。《中說》載：

> 子曰：「智者樂，其存物之所爲乎；仁者壽，其忘我之所爲乎！」
> 〔註67〕

智是智慧、智識，人以智識認知天地與萬物，這便成了對於客觀天地萬物的知識論，王通更以仁者忘我補充闡述，這便是仁者不應當侷限自我而不發顯與天地萬物相感通之心，若先能以仁爲本，再而懂得以智輔仁，則可將儒家道德觀與天命、天道觀一貫相融，所有外在客觀形態萬物及天地妙運作用方式等等的知識論，便無不與道德相提並論且互爲感通之處。聖賢君子感通認知天地萬物

〔註63〕同註35。
〔註64〕同註1，卷五〈問易篇〉，頁7。
〔註65〕同註27。
〔註66〕同註5。
〔註67〕同註35。

以強化自身的知識學養，並不是狹隘地成就自己，而是懷抱著仁民愛物的心胸推己及人，或教化百姓、或著述立說，他們竭盡所能地闡發道德仁義，另一方面也教人領略儒家思想的道德觀與天命觀。王通再三強調人在宇宙天地中的重要性，突顯人在於天命中所具備無可取代之價值。《中說》載：

> 薛收曰：「何謂命也？」子曰：「稽之於天，合之於人，謂其有定於此而應於彼，吉凶曲折無所逃乎！非君子孰能知而畏之乎？非聖人孰能至之哉？」〔註68〕

> 薛收問《易》。子曰：「天地之中非他也，人也。」收退而歎曰：「乃今知人事修，天地之理得矣。」〔註69〕

> 文中子曰：「命之立也，其稱人事乎！故君子畏之。無遠近高深而不應也，無洪纖曲直而不當也，故歸之於天。《易》曰：『乾道變化，各正性命。』」魏徵曰：「《書》云：『惠迪吉，從逆凶，惟影響。』《詩》云：『不戢不難，受福不那，彼交匪傲，萬福來求。』其是之謂乎？」子曰：「徵其能自取矣。」董常曰：「自取者，其稱人耶？」子曰：「誠哉，惟人所召。」賈瓊進曰：「敢問死生有命，富貴在天，何謂也？」子曰：「召之在前，命之在後，斯自取也，庸非命乎！噫！吾未如之何也已矣。」瓊拜而出，謂程元曰：「吾今而後知元命可作，多福可求矣。」〔註70〕

尹協理、魏明二位先生對人在於天地當中的定位是這麼稱道：「修了人事即可得天地之理，說明在天、地、人三者之中，人是具有主動性的。這種觀點與天命論者關於知了天命才能處理人事的觀點是截然相反的。」〔註71〕二位先生此說的確中肯，人所具備的道德意識並非被動地經由上天賜予，而是由人的心性主動地發顯，是在成就道德主體之後，更進一步地以宇宙天地、自然萬物等客觀形態做為感通認知的對象，最後將這一切收納於儒家的道德觀之中，演化成為儒家的天命觀此種特殊的道德形上學。所以我們也當清楚地辨明出天人之中的主客體關係，不可錯置倒逆其必然之順序。認知王通闡釋的天命觀之後，我們還不免對天命的賦予有所疑惑，究竟天命會賦予什麼樣的

〔註68〕同註1，卷五〈問易篇〉，頁4～5。
〔註69〕同註27。
〔註70〕同註1，卷九〈立命篇〉，頁1。
〔註71〕尹協理、魏明：《王通論》（北京：中國社會科學出版社，1984年12月），頁161。

人呢？答案是：必將賦予其德足堪與天地相配之聖人，必將賦予能以道德觀去感通天地之心之賢者，必將賦予能發顯性善仁心、遵循禮樂之制的君子。倘若延伸到政治環境上來說呢？天命將賦予有道明君，正如孝文帝這般懂得去尊崇周公孔聖、興復儒學禮樂的北魏君主。孝文帝所管轄的北魏政權是王通用儒家道德觀所鑑定過而認同的朝代與君主，所以也是儒家天命所願意託付的朝代與君主，故王通以《元經》帝北魏。《中說》載：

> 子述《元經》，皇始之事歎焉，門人未達。叔恬曰：「夫子之歎，蓋歎命矣。《書》云：天命不于常，惟歸乃有德。戎夷之德，黎民懷之，三才其捨諸。」子聞之曰：「凝，爾知命哉。」〔註72〕

> 子曰：「《周禮》其敵於天命乎？《春秋》抗王而尊魯，其以周之所存乎。《元經》抗帝而尊中國，其以天命之所歸乎？」〔註73〕

> 子曰：「《元經》之專斷，蓋蘊於天命，吾安敢至哉？」董常聞之曰：「《元經》之與天命，夫子而不至，其熟能至也。」〔註74〕

王通的天命觀是理性清晰的，他並不認為君主的權力來源便是上天所授予的，君主有無資格統治天下端看他是否能夠遵循仁義、勵行王道，並以仁政德治照料子民、安頓百姓。聖明仁慈的君主自然會受到子民的愛戴，百姓自當放心地把天下託付給他。反言之，昏庸無道的君主也遲早會被人民討伐與推翻，所以君主的統治權終歸還是取決於民心，是人民所託付的有限權力而不是上天授予的絕對威權，因此象徵天子乃是天命所歸的封禪大典就不具實質的意義了！所以王通相當反對耗費民力與物資的封禪活動，他認為封禪只是君主炫耀權勢的侈心。《中說》載：

> 子曰：「封禪之費，非古也，徒以夸天下，其秦、漢之侈心乎！」〔註75〕

儒家思想至董仲舒以陰陽穿鑿儒學，以災異附會天命，便將傳統儒家天命觀之方向給誤導了，不但變成後世讖緯迷信荒謬之異端，更讓無道專制的統治者據此來愚弄百姓，鞏固己身政治權威之絕對性。這種讖緯迷信的情況也延續到了南北朝甚至是隋朝。例如劉裕篡晉自立時就曾假借祥瑞迷信之說，證

〔註72〕同註1，卷一〈王道篇〉，頁3。
〔註73〕同註1，卷八〈魏相篇〉，頁3。
〔註74〕同註1，卷八〈魏相篇〉，頁4～5。
〔註75〕同註1，卷一〈王道篇〉，頁4。

明自己是天命所歸，如《宋書》記載：

> 晉道陵遲，仍世多故，爰暨元興，禍難既積，至三光貿位，冠履易
> 所，安皇播越，宗祀墮泯，則我宣元之祚，永墜於地，顧瞻區域，
> 翦焉已傾。相國宋王，天縱聖德，靈武秀世，一匡頹運，再造區夏，
> 固以興滅繼絕，舟航淪溺矣。若夫仰在璇璣，旁穆七政，薄伐不庭，
> 開復疆宇。遂乃三俘偽主，開滌五都，雕顏卉服之鄉，龍荒朔漠之
> 長，莫不回首朝陽，沐浴玄澤。故四靈效瑞，川岳啓圖，嘉祥雜遝，
> 休應炳著，玄象表革命之期，華裔注樂推之願。代德之符，著乎幽
> 顯，瞻烏爰止，允集明哲，夫豈延康有歸，鹹熙告謝而已哉！〔註76〕

君主以祥瑞或災異之說愚弄人民，藉此子虛烏有的假天命來加強自身統治天
下的權力，又如南朝梁武帝時也將祥瑞迷信這套騙術故計重施，《梁書》有載：

> 高祖武皇帝……生而有奇異，兩胯駢骨，頂上隆起，有文在右手曰
> 「武」。帝及長，博學多通，好籌略，有文武才幹，時流名輩鹹推許
> 焉。所居室常若雲氣，人或過者，體輒肅然。……至尊體自高宗，
> 特鐘慈寵，明並日月，粹昭靈神，祥啓元龜，符驗當璧，作鎮陝藩，
> 化流西夏，謳歌攸奉，萬有樂推。……十二月乙酉，甘露降茅山，
> 瀰漫數裡。正月己酉，邏將潘道蓋於山石穴中得毛龜一。二月辛酉，
> 邏將徐靈符又於山東見白獐一。丙寅平旦，山上雲霧四合，須臾有
> 玄黃之色，狀如龍形，長十餘丈，乍隱乍顯，久乃從西北升天。……
> 相國梁王，天誕睿哲，神縱靈武，德格玄祇，功均造物。止宗社之
> 橫流，反生民之塗炭。扶傾頹構之下，拯溺逝川之中。九區重緝，
> 四維更紐。絕禮還紀，崩樂復張。文館盈紳，戎亭息警。浹海宇以
> 馳風，罄輪裳而稟朔。八表呈祥，五靈效祉。豈止鱗羽禎奇，雲星
> 瑞色而已哉！勳茂於百王，道昭乎萬代，固以明配上天，光華日月
> 者也。河嶽表革命之符，圖讖紀代終之運。樂推之心，幽顯共積；
> 歌頌之誠，華裔同著。昔水政既微，木德升緒，天之歷數，實有所
> 歸，握鏡璇樞，允集明哲。〔註77〕

〔註76〕　〔南北朝〕沈約：《宋書》（臺北：臺灣商務印書館，民國57年9月，臺二版，
　　　　　《百衲本二十四史》），卷二〈武帝紀中〉，頁25上。

〔註77〕　〔唐〕姚思廉：《梁書》（臺北：臺灣商務印書館，民國57年9月，臺二版，
　　　　　《百衲本二十四史》），卷一〈武帝紀上〉，頁1上～35上。

這些君主如此荒謬至極、不知羞恥地假借天命，而這種祥瑞災異的迷信之說，就算是到了隋代也絲毫不見衰退沒落。《隋書》載：

> 皇妣嘗抱高祖，忽見頭上角出，遍體鱗起。皇妣大駭，墜高祖於地。尼自外入見曰：「已驚我兒，致令晚得天下。」爲人龍頷，額上有五柱入頂，目光外射，有文在手曰「王」。長上短下，沈深嚴重。初入太學，雖至親暱不敢狎也。……周德將盡，禍難頻興，宗戚奸回，鹹將竊發。顧瞻宮闕，將圖宗社，藩維連率，逆亂相尋。搖蕩三方，不合如礪，蛇行鳥攫，投足無所。王受天明命，叡德在躬，救頹運之艱，匡墜地之業，拯大川之溺，撲燎原之火，除群凶於城社，廓妖氛於遠服，至德合於造化，神用洽於天壤。八極九野，萬方四裔，圓首方足，罔不樂推。往歲長星夜掃，經天晝見，八風比夏後之作，五緯同漢帝之聚，除舊之征，昭然在上。近者赤雀降社，玄龜效靈，鐘石變音，蛟魚出穴，布新之眹，煥焉在下。九區歸往，百靈協贊，人神屬望，我不獨知。仰祗皇靈，俯順人願，今敬以帝位禪於爾躬。天祚告窮，天祿永終。於戲！王宜允執厥和，儀刑典訓，升圓丘而敬蒼昊，御皇極而撫黔黎，副率土之心，恢無疆之祚，可不盛歟！
>
> 〔註78〕

古時候的專制政體中，君主號稱天子、龍、九五至尊，這無非是刻意塑造出的神秘感，讓百姓心生敬畏恐懼而服從效忠。這種君權承自天授的觀念吾寧可說它是一種愚民政策。君權若真是如此崇高不可動搖，那麼革命者能推翻前朝並取而代之地自立爲天子，這又將如何解釋？而篡位者則往往大費周章地去捏造前朝天命已轉移到自身的假象，假稱祥瑞、災異、星象等謬論，其實這些迷信災異之說完全背離了儒家思想中的天命觀，儒家的天命觀必得先從人事上著手，如同聖明的君主行仁政德治去愛戴子民、體恤蒼生那便自然能獲得百姓的維護尊敬，並且由人民主動地承認推崇，讚稱統治者與天地合德而具天命。倘若如商湯討桀、周武伐紂一般爲民起義的作爲就不是假借天命而去篡逆前朝，他們的出發點是無私無我地弔民伐罪，他們無法縱容上位之殘暴與不忍見民間之疾苦，所以基於救民於水深火熱之中的誠摯信念，刻不容緩地去討伐上位者以爲民伸張公道正義，討伐成功後又能用心治國，視

〔註78〕 〔唐〕魏徵：《隋書》（臺北：臺灣商務印書館，民國 57 年 9 月，臺二版，《百衲本二十四史》），卷一〈高祖紀上〉，頁 1 上～12 下。

黎民猶如己出,因此百姓歌頌尊崇他們的盛德,將他們與天地並稱而承認其天命。儒家思想的天命觀不是君主所能自己掛在嘴邊稱說的,它必須經過百姓的認同,而百姓只會認同真正具備道德仁心的君主,原始純粹的天命觀正如《詩經・周頌・維天之命》所說:「維天之命,於穆不已。於乎不顯,文王之德之純。」〔註79〕又如《詩經・大雅・烝民》所謂:「天生烝民,有物有則。民之秉彝,好是懿德。」〔註80〕儒家的天命觀是純粹無雜唯德是從的,絕非是後世君主所假稱的那種天命,更無所謂祥瑞災異等等的迷信之說。王通對此儒家思想中純粹原始的天命觀,具備清晰明辨的思路與深刻理性的理解,他未被董仲舒以後那種歧出的天命觀所混淆擾亂,並在自己的學說中竭心矯正這類謬誤的天命觀,試圖將儒家純粹合德的天命觀念再度闡揚開來,由此觀之,王通確實是難能可貴的一代大儒。王通對於假稱的天命說與那些陰陽術數、祥瑞災異、讖緯迷信是深惡痛絕的,所以他嚴詞批評喜好觀參天文、卜筮吉凶的崔浩,如《中說》所載:

> 杜淹問:「崔浩何人也?」子曰:「迫人也。執小道,亂大經。」〔註81〕

兩漢以來,陰陽五行與讖緯迷信之說影響儒學極大,誠如安井小太郎在其《經學史》一書中所言:「東漢時代,讖流行起來,影響到經書。這種所謂未來記的東西,本不足道。東漢時代,讖緯之學關係到經書的事,一如西漢時代有五行說。……經書只能談當前的政治道德,所謂報應的宗教性說法根本沒有。所以中流以上的人,並不需借用報應也可以成為堂堂正正的人。」〔註82〕這些陰陽術數、祥瑞災異、讖緯迷信之說由兩漢直至南北朝都未見衰微,即便在王通所處當時也還是相當地氾濫,王通是具有理性的儒家知識份子,絕不輕信這些無稽之談而自甘被上位者愚弄,另一方面他更不願見上位者繼續假借天命來宰制人民,王通所認可的天命政權惟有在北魏孝文帝當時,一方面當然是由於北魏孝文帝懷抱仁德,不愧為愛民如子的明主。另一方面也因為北魏孝文帝與王通的想法一致,他不但不去假借天命,還毅然地反對圖讖秘緯,並且禁止巫覡假稱神鬼、妄斷吉凶。如《魏書》記載:

〔註79〕〔宋〕朱熹註:《詩經集註》(臺北:萬卷樓圖書有限公司,民國80年8月),卷八〈周頌・維天之命〉,頁175。

〔註80〕同前註,卷六〈大雅・烝民〉,頁167。

〔註81〕同註1,卷四〈周公篇〉,頁2。

〔註82〕〔日本〕安井小太郎等著、林慶彰等譯:《經學史》(臺北:萬卷樓圖書有限公司,民國85年10月),頁56。

（太和）九年春正月戊寅，詔曰：「圖讖之興，起於三季。既非經國
之典，徒為妖邪所憑。自今圖讖、秘緯及名為《孔子閉房記》者，
一皆焚之。留者以大辟論。又諸巫覡假稱神鬼，妄說吉凶，及委巷
諸卜非墳典所載者，嚴加禁斷。」〔註83〕

綜觀整個南北朝與隋代，未有如北魏孝文帝此番作為的有道明君，他不但不
假借天命來愚弄百姓、鞏固權勢，反倒攻訐圖讖、秘緯等荒謬迷信之說，更
進一步地嚴禁巫覡們假稱神鬼，妄說吉凶，孝文帝此舉正是大開民智，他欲
以儒家傳統純粹的道德思想教化百姓，又怎麼忍心讓百姓們繼續遭受這些迷
信思想的荼毒愚弄呢？孝文帝的舉措自然很是受到王通的推崇，因為倘若一
國之君能如孝文帝這般愛戴蒼生、提攜子民、教化百姓，則天下何愁難以安
治，儒家思想又何苦於難以深植於人心。王通敬佩孝文帝雖是胡人卻能漢
化，又能尊崇周孔、勵行儒教，他不為強化一己之政權而假借天命愚弄百姓，
反倒是欲開民智地去焚燒緯書、禁斷迷信，相對於南朝漢人君主的荒誕無
道，身為胡人的孝文帝反倒是在北朝開創出全新的氣象。由此觀之，王通以
《元經》帝北魏，承認北魏孝文帝為天命所歸，這確實是肯切無誤的定見。
誠如尹協理、魏明二位先生所稱：「他以新的道德史觀來取代以董仲舒為代
表的天命史觀，提出了天命服從道德的思想和興衰在人不在命的主張等，在
一定意義上都具有開創性的意義。」〔註84〕這便是王通對於儒家天命觀的
獨特貢獻。

第四節　修養工夫

　　儒家學說與思想，絕不可忽略道德修養的工夫，當儒家思想未付諸實現
時只是一門道德理論，一旦將其融入生命並確切地實踐於日常之中，那麼儒
家思想便成為安頓生命的學問，更是一門指導生活的道德哲理。僅僅把儒家
的道德觀當一般知識看待時，畢竟只能學習到一些抽象的道德概念，倘若談
論到儒家的宇宙天命觀，那便又更顯得抽象難以理解了！所以若僅將儒家思
想當成客觀的知識論來看待實在是倒行逆施的作法，這樣的作法自然是造作

〔註83〕〔南北朝〕魏收：《魏書》（臺北：臺灣商務印書館，民國57年9月，臺二版，
　　　　《百衲本二十四史》），卷七〈高祖紀上〉，頁27上。
〔註84〕同註71，頁186～187。

不真實的。儒家思想之目標始終得將道德予以實踐體現，它著重的是對道德的認知、感通、領略，更強調的是能在認知、感通、領略之後的實踐施行，所以儒者必定提出諸多道德修養的工夫，引領人們把儒家思想真正地融入生命性靈之中，如此才能使道德貼切於生命，讓日常生活舉止合乎於道德，最終是希冀如孔子這般「從心所欲、不踰矩。」〔註 85〕當儒家思想的道德修養真正落實於生命之中，所呈現出來的便是儒者莊敬恭謹的獨特氣質，如王通就已在日常之中展現著這種儒者的氣息。《中說》載：「子閒居儼然。其動也徐，若有所慮；其行也方，若有所畏；其接長者，恭恭然如不足；接幼者，溫溫然如有就。」〔註 86〕王通所展現的儒者氣質，自然是將儒家道德觀感通融入生命之中，所體現於外便會是這種莊敬恭謹的態度。儒家思想的修養工夫可謂是一種「道德凝聚」的力量，它是嚴謹、內斂的道德實踐，但是這種「凝聚」與緊繃並不相似，我們可以形容儒家道德修養工夫是緊密，卻絕不能說它是緊繃，因為道德不是一種強制或約束，道德思想是讓我們去與它融為一體，是該完全地化合於生命之中做為安頓生命與指導生活的實踐哲理，倘若人們把儒家的道德修養當成約束與限制，進而產生排斥感，這樣的人並不適合勝任儒者，因為這樣的人基本上已先入為主地將道德外在化了！因此道德修養的真諦在於內蘊而不在於外化。同樣面對著周文疲弊的時代議題，儒家的立場是對道德禮制的活化與再造，而站在道家的角度卻是將周文禮制取消，它立說的前提是崇尚自然，立說動機在於反對一切人為的道德禮制。以下將王通所闡述的道德修養工夫歸納分析於下列各小節，再就朱熹所批評王通學說中無道德本體處做出相關的辯駁。

一、窮理盡性

　　窮理盡性在王通的儒學思想中佔有舉足輕重的價值地位，其實它就是一種對於道德修養與實踐的工夫，所謂的窮理盡性即是探究天理以發顯善性，從此觀感看來王通有這層意思，他以為人之本性是至善無邪的，而人有認知、察見、感通之能力，只要人們去領略道德天理，就可回復人性之本善，也就可在確立道德主體後自然而然地發揮仁義道德。儒家思想的天命觀往往是伴隨著道德觀而生的，倘若人能窮理盡性便是能夠恪遵道德，遵循道德就等同

〔註85〕同註 10，《論語》卷一〈為政〉第二，頁 7。
〔註86〕同註 1，卷三〈事君篇〉，頁 6。

是上合於天命。遵循道德與知悉天命其實是互爲表裡同時並進的，儒家思想中的道德觀與天命觀本就是脣齒相依，這種依存關係是不容分割的，而王通以周孔之道授業也定當是教人一方面要去遵從道德，另一方面則不忘於感通天命。儒者倘使能窮理盡性、樂天知命的話，也定能將己身之性命心靈安頓妥善，更能懷抱著崇高使命感地去推己及人，如此在面對紛亂的世局與自身的命限之時便能不憂不疑地昂首闊步。誠如《中說》所載：

> 子謂周公之道，曲而當，和而恕，其窮理盡性以至於天命乎！〔註87〕

> 樂天知命，吾何憂？窮理盡性，吾何疑？〔註88〕

王通闡揚窮理盡性，而盡性的目標在於以性制情，由於性是五常之根本，倘若尚未窮理盡性則人往往是被情所制，人的情感之中不免藏有私欲的成份，這種私欲卻時常與道德相悖逆，要主宰與克制這種感性的情感及私欲，惟有待本性至善的回復與發顯，也只有藉由理性的道德意志才足堪盡性制情。畢竟情是私欲，而性是至善無私的道德主體，王通強調窮理盡性與以性制情，這的確相當符合儒家思想安頓生命之法，王通儒學雖尊崇周孔而鮮少直接提到孟子，但是藉由王通談及窮理盡性、以性制情等道德修養工夫來看，王通或多或少還是研讀及領略過孟子的性善學說。《中說》對於「以性制情」這麼談論：

> 以性制情者鮮矣。我未見處歧路而不遲迴者。《易》曰：「直方大，
> 不習無不利。則不疑其所行也。」〔註89〕

王通對於儒家心性之學的闡述，雖未形成如宋明理學般龐大完備之規模，不過筆者仍然將王通「窮理盡性」與「以性制情」等修養工夫擺入此節當中探討，畢竟這是王通闡述道德修養工夫的精要之處。由於道德修養工夫所強調的是將道德凝聚、內斂、融合於生命性靈之中，倘若缺乏這種前提與基礎的話，所有儒家思想中的德目禮制都將被外化、僵化，倘若人們一味被動地遵循儒家的德目禮制，卻欠缺道德主體的本性之善與感通之心，這對道德實踐而言誠然也只是一種造作虛妄的應付而已。王通所講的「窮理盡性」乃至於能「以性制情」正是在教導人們穩固地確立道德主體，這也是讓人們能自覺自發地去領略實踐儒家諸德的不二法門。

〔註87〕同註25。
〔註88〕同註26。
〔註89〕同註28。

二、少思寡欲

由於義是道德範疇而利是功利趨向，所以義與利常常是相違的，孔子曾經這麼說道：「飯疏食、飲水，曲肱而枕之，樂亦在其中矣！不義而富且貴，於我如浮雲。」〔註90〕孟子也說過：「魚，我所欲也；熊掌，亦我所欲也。二者不可得兼，舍魚而取熊掌者也。生，亦我所欲也；義，亦我所欲也。二者不可得兼，舍生而取義者也。」〔註91〕義利往往是二分不易兼顧相融的，王通再度闡揚儒家義利之辨，深怕世人被物質欲望所奴役而無法自拔，因此惟有減低欲望才能夠不被紙醉金迷的物質生活所引誘蒙蔽，儒家鼓勵人們追求的是道德仁義的精神生活，當人們心靈精神飽滿時怎會再空虛地去追逐那些個不義之利呢？王通能在南北朝這個宮廷淫靡、貴族奢華的時代中強調「少思寡欲」的精神修養工夫是尤其可貴的。王明欽先生稱道：「王通對於『義』的闡發是通過其義利之辨來加以表述的。他繼承了先秦儒家的義利觀，主張存道義而去利欲。」〔註92〕於是乎王通主張少思寡欲，《中說》載：

> 子曰：「惡衣薄食，少思寡欲，今人以為詐，我則好詐焉，不為誇衒，
>
> 若愚似鄙，今人以為恥，我則不恥也。」〔註93〕

儒家道德學說思想再三重申的就是道德仁義，怎麼能允許人們放縱貪得無厭的私欲而去爭奪不義之利呢？孔子說道：「放於利而行，多怨。」〔註94〕又說：「君子喻於義，小人喻於利。」〔註95〕君子與小人的區別，君子是透過仁心來行義，小人往往放縱私欲而為利。義、利之分別，義是追求精神境界，私心之利倘使不能中節則易於沉溺於物質生活。王通也常常以義利來闡明有道君子與小人之分別，如《中說》載：

> 子曰：「小人不激不勵，不見利不勸。」〔註96〕
>
> 子曰：「君子之學進於道，小人之學進於利。」〔註97〕
>
> 子曰：「不就利，不違害，不強交，不苟絕，惟有道者能之。」〔註98〕

〔註90〕同註10，《論語》卷四〈述而〉第七，頁44。
〔註91〕同註10，《孟子》卷六〈告子上〉，頁166～167。
〔註92〕同註22，頁122。
〔註93〕同註1，卷三〈事君篇〉，頁7。
〔註94〕同註10，《論語》卷二〈里仁〉第四，頁22。
〔註95〕同前註，頁23。
〔註96〕同註75。
〔註97〕同註42。

> 王孝逸謂子曰：「天下皆爭利棄義，吾獨若之何？」子曰：「捨其所爭，取其所棄，不亦君子乎！」〔註99〕

> 子曰：「愛名尚利，小人哉！未見仁者而好名利者也。」〔註100〕

> 仇樟問：「君子有爭乎？」子曰：「見利爭讓，聞義爭為，有不善爭改。」〔註101〕

我們無從否認物質生活對人的誘惑力是很強大的，世俗人往往利慾薰心的沉溺其中而無法自拔，無論古今中外，人類馳騁著自己的欲望去追求那些金銀、財貨、珍寶，永無止境地爭取著那些對於精神性靈毫無助益的身外之物，愈去追求累積卻愈使心靈破裂空虛，而愈空虛就愈變本加厲地再去追求物質財貨來填補這種空虛感，如此則必陷入無窮無盡的惡性循環。所以王通感慨地說道：「我未見嗜義如嗜利者也。」〔註102〕實則再優渥奢華的物質生活也沒有辦法填補人類的空虛感，惟有藉由道德修養使精神性靈充實飽滿，自然可以使得這種負面的空虛感消逝無蹤。王通認為昔人性格質樸，懂得去崇尚道德與追求精神境界，他們具備了節制欲望及看淡物質財貨的珍貴特質，但這樣的美德誠可謂是今不如古，王通不禁慨嘆道：

> 論婚而論財，夷虜之道也，君子不入其鄉。古者男女之族，各擇德焉，不以財為禮。〔註103〕

> 古之仕也，以行其道；今之仕也，以逞其欲。難矣乎！〔註104〕

> 古之好古者聚道，今之好古者聚財。〔註105〕

金銀財寶這些有形的物質終究會幻滅，縱然它再怎麼光彩奪目、誘惑迷人，畢竟卻是身外之物，對於人們的精神與心靈確實沒有一絲一毫的幫助，人們反倒常在追求紙醉金迷的生活當中，逐漸地污染著原本澄澈通透的性靈，進而迷失了最寶貴真實的自我。在儒家的眼光看來，凡夫俗子們永不停歇地追求著物質生活是很可憐的，對於那些原本不屬於自己的財貨，人們卻費盡心思地去爭取

〔註98〕同註1，卷二〈天地篇〉，頁3。
〔註99〕同註1，卷四〈周公篇〉，頁3。
〔註100〕同註19。
〔註101〕同註27。
〔註102〕同註7。
〔註103〕同註93。
〔註104〕同前註。
〔註105〕同註1，卷四〈周公篇〉，頁5。

累積，但對於自身與生俱來的道德良心，人們卻是視若無睹、充耳不聞，逐漸地亡失泯滅掉自己本該發顯的道德主體。所以王通強調少思寡欲這門修養工夫之重要性，正是爲了避免人們被有價的物欲蒙蔽了無價的道德良心。

三、誠靜恭謹

對於「靜」字，雖乍看之下近似於道家的修養工夫，其實孔子也談過「靜」，只是講得很少罷了！孔子說道：「知者樂水，仁者樂山；知者動，仁者靜；知者樂，仁者壽。」〔註106〕在孔子之後，荀子始將靜的修養作用做進一步的推展，荀子這麼說道：「則將須道者之虛則入，將事道者之壹則盡，盡將思道者靜則察。知道察，知道行，體道者也。虛壹而靜，謂之大清明。」〔註107〕及至王通當時，他對於靜的概念與修養工夫又有更多的闡述與發揮，並且可以說連同恭、謹等態度行爲都是以誠、靜爲中心點而拓展開來的。誠、靜是內蘊的心靈境界，恭、謹則是示現於外的舉措形態，誠靜與恭謹是共生共存不可分割的，說得更明白些它們便是一種互爲表裡的因果關係，起心動念便如同外表形貌所顯現一般，心性之至善，表現在外表的形態神色上也就恭謹溫和，內心具備道德觀念，外在的行事舉動自然也能遵照道德規範，這樣子的道德修養工夫是由內而外且表裡一致的。《中說》載：

子曰：「太和爲之表，至心爲之內，行之以恭，守之以道。」〔註108〕

子曰：「靜以思道可矣。」〔註109〕

子曰：「言而信，未若不言而信；行而謹，未若不行而謹。」賈瓊曰：「如何？」子曰：「推之以誠，則不言而信；鎮之以靜則不行而謹。惟有道者能之。」〔註110〕

子曰：「恭則物服，愨則有成，平則物化。」〔註111〕

文中子曰：「動失之繁，靜失之寡。」〔註112〕

魏明、尹協理二位先生稱道：「推誠、鎮靜、行恭謹等。後來的理學在道德修

〔註106〕同註60。
〔註107〕同註24，卷一五〈解蔽篇〉第二一，頁7～8。
〔註108〕同註93。
〔註109〕同註1，卷四〈周公篇〉，頁3。
〔註110〕同註105。
〔註111〕同註1，卷六〈禮樂篇〉，頁2。
〔註112〕同註21。

養方法中也非常強調立誠和主靜，而察其開端者，也是王通。不過王通強調靜，不如理學家那樣極端，王通是比較重視動靜適中的。」〔註113〕而王明欽先生則稱：「『靜』就是清除心中的雜念，目的是『收斂精神』。王通強調『誠』與『靜』，並將二者并舉，要人推誠、鎮靜、行恭謹。」〔註114〕王通所強調的「靜」，當然適合作爲儒家的道德修養工夫，不過還有一點是必須注意到的，王通教人推誠、鎮靜的目的並非讓人處於寂然不動、虛空無爲的道家境界。道家的「靜」本身就是目標與境界，儒家的「靜」卻反倒像是達成目標前的方法，其方法雖是「靜」，其目標卻在於「得」，是故儒家思想中有所謂的「定、靜、安、慮、得」。〔註115〕王通則教人以「靜」來推出「誠」，靜的目標是讓人意志專注，意志專注使得思慮純正，所以這樣子的靜依舊是含有活動性的，它可以解釋爲一種「澄澈無雜的思緒」，然而這種思緒不是用來讓自己虛空、逍遙、無爲的，它反倒是以澄澈的心思來認知、感通、領略儒家思想，進而獲取道德意志、確立道德主體，這是先虛後實的道德修養工夫，是不折不扣的儒家修養而非是道家的概念。

四、誠慎思過

倘若能誠慎必定能循規蹈矩，避免掉許多不合乎道德的行爲舉止，謹則恭、誠則敬，誠慎、謹慎、恭謹、恭敬、敬慎，這些語彙在實質的意義上都是相同的，王通雖有時候講恭、謹，有時候談誠、敬，這只是用字遣詞的差異，並不是將這些概念分割開來，實際上無論是恭、謹也好，或是誠、敬也好，這全都是一種修養與態度，對於儒家道德觀、天命觀表示著心悅誠服的尊崇態度，實踐於日常生活當中更是儒者在於進退應對、待人處事時所呈現出恭敬謹慎之態度。對於誠慎，《中說》載：

> 子曰：「人心惟危，道心惟微，言道之難進也。故君子思過而預防之，所以有誠也。切而不指，勤而不怨，曲而不諂，直而有禮，其惟誠乎！」〔註116〕

> 文中子曰：「誠，其至矣乎！古之明王，敬慎所未見，悚懼所未聞，

〔註113〕同註71，頁207。
〔註114〕同註92。
〔註115〕同註10，〈大學〉，頁1。
〔註116〕同註33。

刻於盤盂，勒於几杖，居有常念，動無過事，其誠之功乎！」〔註117〕

誠慎不單單是一種處世態度，它的效益也在於思過預防，王通極爲強調思過的重要性，因爲身爲君子儒者要不斷地修養自己的品德涵養，並且果決勇敢地修正自己的過錯。知過、思過近乎於知恥，知恥則近乎於勇敢果決。君子不貴在從不犯錯，最重要的是在聞過之後能夠知過改過。王通對於聞過、思過、改過這些作爲是相當肯定與讚賞的，他認爲這是知恥的心態，也是君子所當具備的風範。如上述所謂的「刻於盤盂，勒於几杖，居有常念。」即是一種誠慎、恭謹的態度，其實更是君子對於自我的道德要求，這是必須一生一世持之以恆的修養態度。對此，《中説》載：

王孝逸曰：「樂聞過。」子曰：「過而屢聞益矣。」〔註118〕

内史薛公謂子曰：「吾文章可謂淫溺矣。」文中子離席而拜曰：「敢賀丈人之知過也。」〔註119〕

子曰：「改過不恡，無咎者善補過也。古之明王，詎能無過？從諫而已矣。」〔註120〕

仇樟問：「君子有爭乎？」子曰：「見利爭讓，聞義爭爲，有不善爭改。」〔註121〕

痛莫大於不聞過，辱莫大於不知恥。〔註122〕

王通的誠慎思想與〈中庸〉愼獨概念實有異曲同工之妙，君子對於儒家道德的修養實踐，時時刻刻都得秉持著恭謹誠慎的態度，稍有不慎則不免違背於道德，然而人非聖賢孰又眞能毫無過失呢？有過貴在能夠虛心聞過，聞過之後則必得知過，而後對於所犯的過錯設法修改與彌補，聞過、知過、思過、改過都是果敢知恥的作爲。對於擇惡固執，不願改過之人，王通自當是痛心疾首的，倘若身爲儒者而不勇於聞過、改過的話，對著重道德修養的儒學而言，這更將是一種莫大羞辱。所以王通不但教人誠慎，另一方面也勸人聞過、思過。吾輩也可以這樣詮釋：誠慎是預防自己違背道德禮制，但對於道德如

〔註117〕同註111。

〔註118〕同註109。

〔註119〕同註1，卷七〈述史篇〉，頁4。

〔註120〕同註1，卷五〈問易篇〉，頁3。

〔註121〕同註27。

〔註122〕同註21。

若仍有一絲一毫的逾越，則必得趕緊藉由聞過、思過來改進彌補過失。假使將背離道德比喻成罹患疾病的話，則誠慎與思過這兩種修養工夫的搭配，就像是一者強調於病前的預防、一者著重在病後之治療。

五、謙退寡言

　　王通的性格是謙退寡言的，他絕不是衝動好爭辯的激進份子，若要他奮不顧身地爭取，也惟有對於道德範疇的立德吧！對於立功、立言，王通主張必須量力而為，因為畢竟立德才是身為儒者最主要的使命與目標。王通再三強調無爭、無辯可以止怨、息謗，這可以涉及到南北朝及隋代當時的佛教、玄談盛行，儒者站在孔孟學說的立場力排佛老，然則卻極易陷入三教惡鬥的泥沼之中，這現象對於儒學的復興反倒是有損無益，因此即使王通推崇周孔之道，闡揚儒家學說思想，他也不願落入與異端爭辯的惡性循環裡頭，他自己不爭辯，也教導弟子切莫多言好辯。不過王通也強調，君子雖不主動挑起爭辯，但仍有應當堅持住的道德立場，而在適當的情況下能如孟子一般有所謂的「不得已之辯」，所以王通這麼說道：「君子奚辯，而有時乎為辯，不得已也，其猶兵乎。」〔註123〕至於謙退寡言、不好爭辯一方面是王通自身之性格，另一方面也是身為儒者溫柔敦厚的氣質。《中說》載：

　　　子謂房玄齡曰：「好成者，敗之本也。願廣者，狹之道也。」玄齡問：
　　　「立功立言何如？」子曰：「必也量力乎！」〔註124〕

　　　子曰：「多言，德之賊也。多事，生之讎也。」〔註125〕

　　　賈瓊問：「何以息謗？」子曰：「無辯。」曰：「何以止怨？」曰：「無
　　　爭。」〔註126〕

　　　子曰：「多言不可與遠謀，多動不可以久處。」〔註127〕

　　　仇樟問：「君子有爭乎？」子曰：「見利爭讓，聞義爭為，有不善爭
　　　改。」〔註128〕

〔註123〕同註73。
〔註124〕同註18。
〔註125〕同註43。
〔註126〕同註1，卷五〈問易篇〉，頁5。
〔註127〕同註27。
〔註128〕同註27。

子曰：「罪莫大於好進，禍莫大於多言。」〔註129〕

好進、好爭、好成都是一種負面的心態，當然這裡指的絕不是道德範疇，儒者對於道德的事是該當爭先恐後的，如同王通所說：「聞義爭為，有不善爭改。」〔註130〕但倘若是無關於道德範疇之事，儒者並不該那麼執著頑固，畢竟好進者多舉動、好爭者多言辯、好成者則易患得患失。況且激進之人容易急躁，急躁之心一起便多有言辯，言多則易於招惹過失。在王通心目中，儒者應該具備沉穩厚重的氣質與形態，他是極為反對人們躁進多言的，況且王通教人誠靜恭謹、誠慎防過，這都是相當內斂沉穩的修養工夫，是故躁進、爭辯與王通的道德修養工夫本來就是背道而馳。

六、查時知變

儒家學說思想隨著時代的演進絕不可再一成不變，惟獨對於道德仁義的堅持必得以不變而應萬變，除此之外儒家思想必當時時加入新血、新元素，如此才足堪避免僵化的危機。對於儒學常與變的議題，蔡仁厚先生這麼說道：「其實，從個人到家國天下，都必須依循『常道』來生存發展，所以『守常』是天經地義的。當常道遭受破壞或常道的維護發生困阻之時，就必須採取應變的步驟。但應變只是手段，它本身不是目的。應變的目的，事實上正是為了守護常道，使常道換一個方式來繼續表現它的意義和價值。」〔註131〕筆者以為蔡仁厚先生的這段話最能切中於王通的權變思想，吾等便可藉此來理解王通所說的「千變萬化，吾常守中焉。」〔註132〕是何等真知灼見的一句話呀！想當初周文疲弊之時孔子率先將「仁」的意義擴充活化，孔子之後的孟子進一步地提出了「性善四端」，至荀子之時雖因主張「化性起偽」而被後世指為儒家思想之歧出者，然其以「虛一而靜」做為儒家的道德修養工夫卻是值得參考的。所以在未違背正道良知的情況下，儒家的道德修養工夫便可以斟酌新增，而禮制規矩也可以視情況做出適切的損益更改。儒學必須通權達變才不會食古不化，也才不會使儒學體系日益僵固，甚者是落得滯礙難行以至於無法普及於世間的局面。王通能深深體察時變之必要性，是故《中說》載：

〔註129〕同註21。
〔註130〕同註27。
〔註131〕蔡仁厚：《儒學的常與變》（臺北：東大圖書公司，民國79年10月），頁5。
〔註132〕同註18。

子曰：「通其變，天下無弊法。執其方，天下無善教。故曰：存乎其人。」〔註133〕

子曰：「《易》，聖人之動也，於是乎用以乘時。故夫卦者，智之鄉也，動之序也。」〔註134〕

子曰：「非君子不可以與語變。」〔註135〕

薛收問一卦六爻。子曰：「卦也者，著天下之時也。爻也者，傚天下之動也。」〔註136〕

文中子曰：「《元經》有常也，所正以道，於是乎見義。《元經》有變也，所行有適，於是乎見權。權、義舉而皇極立矣。」〔註137〕

魏徵問君子之辯。子曰：「君子矣辯，而有時乎為辯，不得已也，其猶兵乎。」董常聞之曰：「君子有不言之辯，不殺之兵，亦時乎？」子曰：「誠哉！不知時，無以為君子。」〔註138〕

通曉權變就是能夠合乎時宜，孟子也曾經這麼說過：「伯夷，聖之清者也；伊尹，聖之任者也；柳下惠，聖之和者也；孔子，聖之時者也。」〔註139〕然則權變絕不是見風轉舵地隨世浮沉，也絕非不堅持自我立場，只顧著諂媚世俗或是去討好君主，法家思想才會去鞏固上位者的威勢權力，法家的人才是用學說去迎合君意。王通所講的權變不是這層意思，王通所講的權變只是行事之圓融通達，不拘泥、不固執。如同孔子曾經這麼強調過：「毋意，毋必，毋固，毋我。」〔註140〕王通雖講權變，卻也有其恆常不變之堅持，不能絲毫改變更動的就是儒家的道德、仁義，所以他強調道：「千變萬化，吾常守中焉。」〔註141〕至於道德以外之行事舉措當然可以活潑運用、便宜行事，如此才不至於成為頑固不通的迂儒、腐儒。就王通所認為，道德之事必得松柏不凋般地擇善固執，而倘若無關道德之舉措則應通權達變、隨機行事，不該如荊人表

〔註133〕同註81。
〔註134〕同註126。
〔註135〕同註56。
〔註136〕同前註。
〔註137〕同註1，卷八〈魏相篇〉，頁2。
〔註138〕同註73。
〔註139〕同註38。
〔註140〕同註10，《論語》卷五〈子罕〉第九，頁56。
〔註141〕同註18。

水般不明曉權宜變通之道。對此，連朱熹也不禁稱讚王通道：「其間論文史及時事世變，煞好，今浙間英邁之士皆宗之。」〔註142〕至於王通所陳《十二策》也是應對時變之策：

> 子謁見隋祖，一接而陳《十二策》，編成四卷。薛收曰：「辯矣乎！」董常曰：「非辯也，理當然爾。」房玄齡請習十二策。子曰：「時異事變，不足習也。」〔註143〕

王通所陳的《十二策》是專門針對隋朝時弊，可想而知牽連著許多政治及社會上的事件，然則事件已過情境便有所不同，是故王通不以《十二策》當做教材教授弟子。況且王通陳《十二策》的對象是君主，君主才有權柄將之實際應用在施政上，所以並不適合拿來給弟子們修習，弟子們並無統治天下的君權，未逢其時、未得其位，就算修習《十二策》也沒辦法付諸實現，如此修習《十二策》便沒有實質上的意義了！但此段所載的房玄齡，惟恐還是後人所假託附益，倘若房玄齡真為王通弟子，以他之才性，王通應該能識知其日後有機會能仕於朝廷，如此則可能教授《十二策》，雖不完全適用於未來局勢，但亦可供其應用參考。

　　由以上各小節的論述，觀之王通所闡述的道德修養工夫都是切要於日常生活的，這是讓儒者遵循道德、安頓生命的指導與示範，魏明、尹協理二位先生對王通如此稱讚道：「他論述了修養的必要性，修養的目的和方法，提出了理學在這一方面的一些基本範疇，特別是關於人心和道心，窮理盡性以至於命、敬謹誠慎與誠靜等範疇，已經雕塑了理學在道德修養方面的理論雛型。」〔註144〕王通儒學之中的道德修養工夫，相較於以往先秦與兩漢之儒學已然有所創新與增添，而這些創新與增添在儒學的發展上誠然是有所貢獻的，其學說思想雖未如後世宋明理學般詳盡完整，但綜觀南北朝與隋代的時代背景，也著實罕有如同王通這般致力於儒家思想之儒者，他對於傳統儒學是如此兢兢業業地追求與發揚，除了統整與重新正視許多儒家固有的德目之外，也提出「盡性」、「寡欲」、「誠靜」等等修養道德的實踐項目，縱使他對於儒家道德本體之形上根源論述鮮少，但後世知音者並不因此抹煞掉他在儒學闡揚上

〔註142〕〔宋〕朱熹著、〔宋〕黎靖德編：《朱子語類》（臺北：文津出版社，民國75年12月），卷一三七〈戰國漢唐諸子〉，頁3267。
〔註143〕同註1，卷八〈魏相篇〉，頁4。
〔註144〕同註71，頁212。

的獨特貢獻，這由宋儒范仲淹、石介、陳亮等人對王通的推崇可想而知。另外，王通儒學思想著重「內聖」與「外王」的並駕齊驅，既強調確立道德主體以「修身」，亦重視推己及人的「經世」理念，對於政治環境的變遷以及對政教得失的重視，在在顯示王通推廣道德觀念的對象不單侷限於一己之身，所以對於「內聖」道德觀與「外王」事業的並重，的確也是其學說特色之所在，是故筆者將於本文第四章中進一步探討王通於「外王」上的政治觀點。

第四章 《中說》之政治觀

第一節 明王道

　　闡明王道,是王通儒學體系中一項極為重要的思想觀念,此觀念在《中說》一書中佔了舉足輕重的份量與地位,由〈王道篇〉被編排在《中說》全書之首,便不難知曉其重要性。談文中子的王道思想之前,吾輩先當從儒家傳統的王道文化之中體察理解,才能明白什麼是王道,再進一步領略為何王通會如此重視王道。追溯以往,儒家早在《論語》、《孟子》之中就有相關的篇章對於王道加以陳述闡明,茲舉例如下:

　　季氏將伐顓臾。冉有、季路見於孔子曰:「季氏將有事於顓臾。」孔
　　子曰:「求!無乃爾是過與?夫顓臾,昔者先王以為東蒙主,且在邦
　　域之中矣,是社稷之臣也。何以伐為?」冉有曰:「夫子欲之,吾二
　　臣者皆不欲也。」孔子曰:「求!周任有言曰:『陳力就列,不能者
　　止。』危而不持,顛而不扶,則將焉用彼相矣?且爾言過矣。虎兕
　　出於柙,龜玉毀於櫝中,是誰之過與?」冉有曰:「今夫顓臾,固而
　　近於費。今不取,後世必為子孫憂。」子曰:「求!君子疾夫舍曰欲
　　之,而必為之辭。丘也聞有國有家者,不患寡而患不均,不患貧而
　　患不安。蓋均無貧,和無寡,安無傾。夫如是,故遠人不服,則修
　　文德以來之。既來之,則安之。今由與求也,相夫子,遠人不服而
　　不能來也,邦分崩離析而不能守也,而謀動干戈於邦內。吾恐季孫

之憂，不在顓臾，而在蕭牆之內也。」〔註1〕

孟子曰：「以力假仁者霸，霸必有大國；以德行仁者王，王不待大，湯以七十里，文王以百里。以力服人者，非心服也，力不贍也；以德服人者，中心悅而誠服也，如七十子之服孔子也。《詩》云：『自西自東，自南自北，無思不服』，此之謂也。」〔註2〕

孟子曰：「人皆有不忍人之心。先王有不忍人之心，斯有不忍人之政矣。以不忍人之心，行不忍人之政，治天下可運之掌上。所以謂人皆有不忍人之心者，今人乍見孺子將入於井，皆有怵惕惻隱之心；非所以內交於孺子之父母也，非所以要譽於鄉黨朋友也，非惡其聲而然也。由是觀之，無惻隱之心非人也，無羞惡之心非人也，無辭讓之心非人也，無是非之心非人也。惻隱之心，仁之端也；羞惡之心，義之端也；辭讓之心，禮之端也；是非之心，智之端也。人之有是四端也，猶其有四體也。有是四端而自謂不能者，自賊者也；謂其君不能者，賊其君者也。凡有四端於我者，知皆擴而充之矣，若火之始然、泉之始達。苟能充之，足以保四海；苟不充之，不足以事父母。」〔註3〕

誠如孔、孟所言這般，王道便是君主以仁德治民、安頓百姓之道，不是依仗暴力來壓迫與馴服人民，而是憑藉仁義道德來感召、教化人民，那便是上位者能夠愛民如子、視民如傷地以不忍人之心力行不忍人之政，真正使百姓由衷地感念仁政，進而心悅誠服，並非因為懼怕執政者的威勢與嚴刑峻法，若民眾只因畏懼在上位者的權柄而害怕觸怒掌權者，那僅具有形式的約束效力，君主官吏如不知以身作則地發顯仁、義、禮、智四端，並進一步藉仁政德治從上到下的教育子民，人民的道德層次是不能有所提升的。身為帝王者真能發顯四端，行不忍人之仁政德治匡正天下、移風易俗，如此上行下效，則治天下誠可如運之於掌。經由早初孔、孟所談及的王道思想，吾輩已然知悉王道的真實意義，所謂的王道若再廣義地延伸來講也可以說是「為王之道」，那便也是「庇民之道」，其實就是源於性善四端的「不忍人之政」。王通

〔註1〕 〔宋〕朱熹註：《四書集註》（臺南市：大孚書局有限公司，民國80年3月），《論語》卷八〈季氏〉第一六，頁112～114。

〔註2〕 同前註，《孟子》卷二〈公孫丑上〉，頁43。

〔註3〕 同註1，《孟子》卷二〈公孫丑上〉，頁46～47。

所要闡揚的無疑是這種儒家學說中所獨具而珍貴的王道思想。那麼，王通又為何要在孔、孟之後，再度提及王道思想呢？這是因為他身處亂世之中，無時無刻不感嘆到王道的滯礙難行，王通於《中說》這麼說道：

> 甚矣！王道難行也。〔註4〕
>
> 吾視遷、固而下，述作何其紛紛乎！帝王之道，其暗而不明乎！……
>
> 制理者參而不一乎！陳事者亂而無緒乎！〔註5〕
>
> 道之不勝時久矣。吾將若之何？〔註6〕
>
> 王道從何而興乎？吾所以憂也。〔註7〕
>
> 上失其道，民散久矣。苟非君子，焉能固窮？〔註8〕

眼看時代動亂已久，主要是肇因於當政者的失德無道，進而牽累到民間，使百姓顛沛困苦，所以王通對於復興儒家傳統，闡明王道思想，更是兢兢業業地惟恐不及。由王通與北山丈人的問答當中，不難觀見王通對於王道不興的窘態的確充滿著急切感，《中說》載：

> 北山丈人謂文中子曰：「何謂遑遑者？無急歟！」子曰：「非敢急，
>
> 傷時怠也。」〔註9〕

明王道既然是文中子政治觀的重心，則王道的滯礙難行定當是王通所憂慮關切的議題。王通之所以急於闡明王道，乃由於王道對於整個朝野的必要性與迫切性，這是因為王道的興衰與否直接地影響到天下的治亂與否。「非敢急，傷時怠也。」此句阮逸注解道：「怠而不修，斯文喪矣。」〔註10〕是故，王通感傷時代的動盪不安，儒學斯文掃地，他便急切地致力於復興儒學道統以及闡揚王道思想等志業，絲毫不敢懈怠輕慢，他認為帝王明王道之後的實際作為，那便是施行仁政德治，在位者應當遵循儒家思想，由衷地去感通仁、義、禮、智、信的五常之道，並據此做為施政的根本，終究可成就仁政德治的理想政治，那便是能夠體恤百姓，使天下長治久安的不忍人之政。王通思想正

〔註4〕〔隋〕王通撰、〔宋〕阮逸注：《中說》（臺北：臺灣中華書局，民國68年2月，臺三版，中華書局據明世德堂本校刊），卷一〈王道篇〉，頁1。

〔註5〕同註4，卷一〈王道篇〉，頁1～2。

〔註6〕同註4，卷一〈王道篇〉，頁2。

〔註7〕同註4，卷一〈王道篇〉，頁3。

〔註8〕同註4，卷三〈事君篇〉，頁5。

〔註9〕同註4，卷三〈事君篇〉，頁1。

〔註10〕同前註。

欲以道德為方針指導帝王之施政作風，其述如下：

> 文中子曰：「帝者之制恢恢乎，其無所不容，其有大制制天下而不割
> 乎。其上湛然，其下恬然。天下之危與天下安之，天下之失與天下
> 正之。千變萬化，吾常守中焉，其卓然不可動乎！其感而無不通乎！
> 此之謂帝制矣。」〔註11〕

王通雖然面臨瞬息萬變的時局，他卻仍有不願絲毫變更的道德堅持，那也是
一份以天下蒼生為念的悲憫之心。在一片以玄、佛為顯學的時代環境裡，王
通懷著闡揚儒學的使命感，他最關切的是：儒學的興衰、天下的治亂等問題。
對此，《中說》記載如下：

> 子謂薛收曰：「昔聖人述史三焉。其述《書》也，帝王之制備矣，故
> 索焉而皆獲。其述《詩》也，興衰之由顯，故究焉而皆得。其述《春
> 秋》也，邪正之跡明，故考焉而皆當。此三者，同出於史而不可雜
> 也，故聖人分焉。」〔註12〕

> 薛收曰：「敢問《續詩》之備六代，何也？」子曰：「其以仲尼三百，
> 始終於周乎！」收曰：「然。」子曰：「余安敢望仲尼？然至興衰之
> 際，未嘗不再三焉，故具六代始終，所以告也。」〔註13〕

> 子謂叔恬曰：「汝不為《續詩》乎，則其視七代損益終漼然也。」子
> 謂《續詩》可以諷，可以達，可以蕩，可以獨處。出則悌，入則孝，
> 多見治亂之情。〔註14〕

要使天下治、儒學興，定與君主的用心施為存有著緊密的關係。王通續經的
用意一方面是藉以教化人民，另一方面則是藉此著述援引儒家的王道思想來
督促君主施行仁政德治，又由於君主施行仁政德治的對象即是平民百姓，這
意謂著在上位者必須先知「道」，王通是這麼說的：「不知道無以為人臣，況
君乎！」〔註15〕此處的「道」涵義很廣，不當狹義地解釋，故既可解釋為施
政的原則、方法，或是庇民之道，也適合解釋為道德、大道。關於君主所應
知並且奉行的道，對內則是君主必須以天下之心為心、以黎民百姓為念，對

〔註11〕同註4，卷四〈周公篇〉，頁6。
〔註12〕同註4。
〔註13〕同註6。
〔註14〕同註4，卷二〈天地篇〉，頁6～7。
〔註15〕同註4，卷一○〈關朗篇〉，頁2。

外則必須有實際上安頓百姓的施政作為。觀《中說》載云：

> 李密問王霸之略。子曰：「不以天下易一民之命。」〔註16〕

> 房玄齡問正主庇民之道。子曰：「先遺其身。」曰：「請究其說。」
> 子曰：「夫能遺其身，然後能無私。無私，然後能至公。至公，然後
> 以天下為心矣，道可行矣。」〔註17〕

王通所說的行王道必得先懂得庇民，君主與官吏皆須愛戴子民，他們必須摒除私欲、因公忘私，並且存有視民如傷的悲憫情懷。王道何以無法興盛？實該歸咎於天底下有太多暴虐無德的君主，有太多徒具私心放縱欲望的在上位者，以及那些飽食終日悠悠素餐的無恥官吏。與往昔相互對比之下，王通對於當時的政壇風氣是有所不滿的，他認為無論是君主的為政，或者仕者的操守，都可謂是今不如古，故王通不得不嚴詞痛斥道：

> 悠悠素餐者，天下皆是，王道從何而興乎！〔註18〕

> 古之為政者先德而後刑，故其人悦以恕；今之為政者任刑而棄德，
> 故其人怨以詐。……古之從仕者養人，今之從仕者養己。〔註19〕

> 古之仕也以行其道，今之仕也以逞其欲。難矣乎！〔註20〕

王通認知到王道若要付諸施行，就得先矯正不良的政治風氣，而在上位者的驕縱、暴虐、貪婪等等，全都是殘害忠臣良民的毒蛇猛獸，若繼續放縱他們的恣意妄為，則王道將永遠沒有復興的一天，天下也絕無重見光明的一日，所以例如像楊素這類貪暴的執政者，是最讓王通所不齒的。《中說》載：

> 或問楊素。子曰：「作福，作威，玉食，不知其他也。」〔註21〕

楊素縱欲妄為，橫行霸道，他過著奢華的生活，僭越身為人臣的本份。這種人只顧著享樂與濫用權勢，對於民間疾苦當然是不聞不問、事不關己。楊素的劣行，可見於《隋書・楊素傳》：

> 時素貴寵日隆，其弟約、從父文思、弟文紀，及族父異，並尚書列
> 卿。諸子無汗馬之勞，位至柱國、刺史。家僮數千，後庭妓妾曳綺

〔註16〕 同註4，卷二〈天地篇〉，頁2。
〔註17〕 同註4，卷八〈魏相篇〉，頁3～4。
〔註18〕 同註4，卷一〈王道篇〉，頁5。
〔註19〕 同註9。
〔註20〕 同註4，卷三〈事君篇〉，頁7。
〔註21〕 同註9。

羅者以千數。第宅華侈，制擬宮禁。……親戚故吏，布列清顯，素
之貴盛，近古未聞。煬帝初爲太子，忌蜀王秀，與素謀之，構成其
罪，後竟廢黜。朝臣有違忤者，雖至誠體國，如賀若弼、史萬歲、
李綱、柳彧等，素皆陰中之。若有附會及親戚，雖無才用，必加進
擢。朝廷靡然，莫不畏附。〔註22〕

尸位素餐的國君與貪官權臣便是王通撻伐的對象，清明的政治局面與良善的
在位者才是王通所讚賞的。爲政者行事須以仁慈寬厚爲原則，也惟有對百姓
仁慈寬厚的政治才足堪稱之爲仁政德治。對此，《中說》裡頭陳述如下：

陳叔達爲絳郡守，下捕賊之令曰：「無急也，請自新者原之以觀其後。
子聞之曰：「陳守可與言政矣。上失其道，民散久矣。苟非君子，焉
能固窮？導之以德，懸之以信，且觀其後，不亦善乎？」〔註23〕

子曰：「政猛寧若恩，法速寧若緩，獄繁寧若簡，臣主之際其猜也寧
信，執其中者，惟聖人乎！」〔註24〕

如上述這份疼惜百姓的用心，誠如《論語》所載：

季康子問政於孔子曰：「如殺無道，以就有道，何如？」孔子對曰：
「子爲政，焉用殺？子欲善，而民善矣！君子之德，風；小人之德，
草；草上之風，必偃。」〔註25〕

如果君主誠能以孔子所言這份憐憫體恤黎民的心意來施政，那便是朝向天下
爲公的大同世界邁進。天下爲公是儒家期盼的理想世界，也是王通所企求的
理想世界，然而天下本就是由人民所構成，天下實非君主一己之天下，所以
要安治天下必須先安頓好子民的生命，體恤百姓生活，君主或執政官吏先要
存有以安頓蒼生爲念的愛民之心，才能發顯出安頓百姓的實際作爲。王通對
此提出許多具體的方針，他認爲要使百姓安居樂業，上位者施政必須輕刑罰、
薄徵斂、寡勞役，王通非常排斥在上位者激進與擾民的行徑，他認爲勤政愛
民、節儉少斂的執政者才有資格在人民之上，並擔任起領導統治人民之要職，
是故勞人而逸己的作爲當然是王通所不能苟同的。爲政者的施政措施，根本
上必須積極地以道德、禮樂教化人民，除此之外在上位者更應該時時刻刻以

〔註22〕〔唐〕魏徵：《隋書》（臺北：臺灣商務印書館，民國57年9月，臺二版，《百
衲本二十四史》），卷四八，列傳第一三〈楊素傳〉，頁7上～8下。
〔註23〕同註8。
〔註24〕同註15。
〔註25〕同註1，《論語》卷六〈顏淵〉第一二，頁83。

安頓百姓爲念，不當有擾民舉動，他們必當擁懷道德良知將心比心地減輕對於百姓的刑罰，盡一切可能去降低對人民的役使與徵斂，惟有藉由這般仁政德治的施行，眞正地勵行王道、愛民如子，如此才有希望進一步將道德觀念充沛人心並使天下達到理想太平之境界。茲將《中說》對此相關的敘述，歸類析論於下：

一、重仁德、輕刑罰

儒家的仁政是輕刑罰的，在位者該是愛民如子，對於治理百姓的方式，先要本於仁義之心而「道之以德，齊之以禮」〔註26〕施用刑罰是不得已的方式，雖然王通的思想中並未主張完全地去除刑罰，但他主要還是強調道德仁政才是治民的根本，在位者的職責在於宣揚儒家思想，治民原則應重在潛移默化的引導勸說，至於刑罰畢竟只能夠輕施輔助，其作用僅在於做一種善惡有報的示範，刑罰必是點到爲止而不容廣泛地濫用。對此觀點，《中說》所載如下：

> 杜如晦問政，子曰：「推爾誠，舉爾類，賞一以勸百，罰一以懲眾，夫爲政而何有？」如晦出，謂竇威曰：「讜人容其訐，佞人杜其漸，賞罰在其中，吾知乎爲政矣。」〔註27〕

> 子曰：「政猛寧若恩，法速寧若緩，獄繁寧若簡，臣主之際其猜也寧信，執其中者，惟聖人乎！」〔註28〕

用刑罰來規範人民，那麼善惡有報的報應僅是出於外在的法令賞罰，是故人民爲善並不是發自內心的道德觀念而是爲了領賞，也不是因爲良心的不安所以才不去爲惡，卻只是害怕觸法後所遭受的刑罰懲處，以如此的方式牽制百姓而不去教導百姓仁義道德，久而久之便眞如孔子所說的「民免而無恥」〔註29〕所以刑罰一向不是儒家思想所闡揚的，那是法家思想所重視主張的。既然如此，王通爲何還須談及賞罰呢？此處可以藉由牟宗三先生的觀點來進行理解，牟先生曾這麼說道：「講法不能算壞呀，如果沒有客觀的法就沒有眞正的政治，所以法不算壞。就是聖人也不能反對法，只是他不多講。這也許是在

〔註26〕同註1，《論語》卷一〈爲政〉第二，頁7。
〔註27〕同註4，卷九〈立命篇〉，頁3。
〔註28〕同註15。
〔註29〕同註26。

他的時代，他注意不到這個問題，但是如果你點出來，聖人也不能反對法。可是到申不害講術就出問題了。到了韓非就綜合商鞅的法和申不害的術，再加上韓非的那一套思想，這樣就壞了。這樣的法家是令人討厭的。」〔註30〕誠如牟先生所言，最原本的法與融合法、術、勢的法家是截然不同的。對於周文疲弊的解決之道，以及治理百姓的態度上，儒家是以道德禮樂教導、善誘、勸告人們，而法令是以獎懲的方式較強制地管理規範人們。的確，聖人並無意要摧毀法令，而是把重點擺在盡心地教導人民此一方向上，希望在使人們具備完善的道德品性之後，他們也就自然不會去抵觸法令、踰越規矩。其後，結合了法、術、勢的法家便不再是單純的法令規章了，法家之輩除了加重賞罰的力量來利誘人們、威嚇人們，他們對人性總以黑暗面看待，嚴重地抹煞掉人性的道德意志與光明面，這其實是很要不得的。法家思想不同於法令一般，只是管理約束百姓而已，它已經演變成為專為君王所設的統馭術，大大地增加君王的權威，使君王能藉由重賞重罰宰制人民。吾輩當知這種法家思想最終當然會造成所謂暴政必亡的結局。所以無論是原始的儒家思想也好，王通的儒學體系也好，雖都不是強調要廢除法令，但也絕不可能去贊同暴虐無情的法家思想，儒家只是希望人們藉由禮樂的薰陶、性善的發顯，在產生道德的自覺之後，天下間雖然還有法令規範，但人人都已能達到法懸而不犯的理想境界。儒家思想不是一種規定與強迫，它純粹是一種引導式的道德教化，也可以說是一種心性上的啟迪。儒家的施為便是以道德觀念推己及人，由一己拓展至全體社會，道德一旦普及則天下又何愁於不治。對於此，《中說》所載如下：

> 陳守謂薛生曰：「吾行令於郡縣而盜不止，夫子居於鄉里而爭者息，何也？薛生曰：「此以言化，彼以心化。」陳守曰：「吾過矣。」退而靜居，三月盜賊出境。子聞之，曰：「收善言，叔達善德。」〔註31〕
> 苟正其本，刑將措焉。……故至治之代，法懸而不犯，其次犯而不繁。……如有用我，必也，無訟乎！〔註32〕

至治之代是儒家所期盼的，在治世之中所有的法令、刑罰都將是備而不用，儒家思想終究不多談刑罰，這由上述薛收所講的「言化」、「心化」便可說明，

〔註30〕牟宗三：《中國哲學十九講》（臺北：臺灣學生書局，民國72年10月），頁67。
〔註31〕同註4，卷四〈周公篇〉，頁1。
〔註32〕同註4，卷一○〈關朗篇〉，頁1。

根據阮逸的注解：「言化是行令示法，心化是行道感人。」〔註33〕所以儒家治民的方式是肯定人性的，總相信人人有性善仁心之本能，只須經過道德的教導啟發即可發顯，法令終究是由外而內的拘束，對於人性的啟迪而言卻是消極被動的，人們必須由心而發，對於性善仁心有所自覺，並在安於仁的情況中對道德的踐履落實，那才是主動積極的方式，也才是最眞實而不虛妄、不造作的作爲。施政者對人民的示範更不應該以法令刑罰爲先，王通也曾經談過如何爲政的問題，其方針正如以下所載：

> 溫大雅問：「如之何可使爲政？」子曰：「仁以行之，寬以居之，深識禮樂之情。」「敢問其次。」子曰：「言必忠，行必恕，鼓之以利害不動。」又問其次。子曰：「謹而固，廉而慮。齗齗焉自保，不足以發也。」子曰：「降此則穿窬之人爾，何足及政？抑可使備員矣。」〔註34〕

君主施政該如孔子所說的：「道之以政，齊之以刑，民免而無恥；道之以德，齊之以禮，有恥且格。」〔註35〕要治理天下、安頓百姓，法令刑罰並不是最適切的方式，那畢竟只能夠治標而無法治本，所以王通教人爲政的原則首先必須重視道德，也就是本於儒家思想的仁愛、寬厚、禮樂之制，貫徹忠恕盡己與推己及人之道，對道德的堅定即使受威脅利誘亦不爲動搖。對於正道必須謹愼固守，爲人操行廉潔而且思慮專一，若爲政背離這些原則便已經與道德背道而馳了。儒家爲政不是嚴厲地控制百姓，以嚴刑峻法威嚇人民而得到一時安定的假象，儒家思想對於爲政所講求的是眞正的長治久安，所以也只有透過人們自身對於道德觀念的萌生，眞實地去體現儒家的道德教誨，這樣天下才能長久的安定，這是連憑靠著法家的專權霸道都無法達成的理想境界。

二、薄徵斂、寡勞役

勞民傷財本就是擾民之舉，在位者由於一己的私欲而勞動役使百姓，當權者爲了建構雕梁畫棟的宮殿，便大興土木奴役人民；爲了炫耀威權而祭天封禪，輕易地耗費民力物資；或者爲了擴充疆土、好大喜功而徵召兵卒，讓子民去征戰沙場、拋頭灑血。這樣的政權是擾民、暴虐的，這類的舉措更是

〔註33〕同註31。
〔註34〕同註4，卷七〈述史篇〉，頁4。
〔註35〕同註26。

讓百姓打從心底痛恨的。在位者以這種方式治理人民確實相當殘忍，如此哪還有什麼仁義道德可言？王通所謂的仁政是崇尚一種有道愛民的政權，這仁政對於百姓會盡其所能地減輕徵召、斂取、勞役，若非真有光明正大而迫切的原因否則絕對不可輕易地擾動人民，在上位者施政的原則務必以子民的安居樂業為優先考量，這樣子的政治才可稱為仁政，懂得如此以仁德施政的君主也才有資格稱為明主，普天之下唯有這樣的君王與政治才能讓王通認同。王通對於政權徵斂、勞役百姓的批判，見於《中說》所載：

子曰：「多斂之國，其財必削。」〔註36〕

叔恬曰：「舜一歲而巡五嶽，國不費而民不勞，何也？」子曰：「無他道也，兵衛少而徵求寡也。」〔註37〕

大哉七制之主，其以仁義公恕統天下乎！其役簡，其刑清。君子樂其道，小人懷其生。四百年間無二志，其有以結人心乎？〔註38〕

子在絳，出于野，遇陳守。曰：「夫子何之乎？」子曰：「將之夏。」陳守令勸吏息役。董常聞之，曰：「吾知夫子之行國矣，未嘗虛行也。」〔註39〕

御河之役，子聞之，曰：「人力盡矣。」〔註40〕

魏永為龍門令，下車而廣公舍。子聞之曰：「非所先也，勞人逸己，胡寧是營永遽止以謝子。」子曰：「不勤不儉，無以為人上也。」〔註41〕

儒家的情懷是能站在百姓的立場著想，如孔子對於壓榨百姓聚斂財貨的政權是厭惡痛斥的，《論語·先進》有載：「季氏富於周公，而求也為之聚斂而附益之。子曰：『非吾徒也，小子鳴鼓而攻之可也！』」〔註42〕以上欺下、以強凌弱的行徑是孔子所忍無可忍的，這也一樣是王通所不能容許的，儒家思想始終是懷著悲憫之心來關愛人民，聖賢儒者總是將心比心地站在庶民的立場

〔註36〕同註4，卷一〈王道篇〉，頁4。
〔註37〕同註18。
〔註38〕同註4，卷二〈天地篇〉，頁4。
〔註39〕同註4，卷六〈禮樂篇〉，頁6～7。
〔註40〕同註4，卷八〈魏相篇〉，頁3。
〔註41〕同註4，卷一〇〈關朗篇〉，頁3。
〔註42〕同註1，《論語》卷六〈先進〉第一一，頁72。

發言，無時無刻都在督促著在上位者的施政作為，儒家的政治觀永遠是以民為本、以民為主的，即使到了王通當時，雖然他身處於南北朝至隋朝那樣混亂無序的世道之中，仍舊擁懷儒門風骨地獨立於政權之外，他不因貪圖功名權勢而去改變初衷，更不去逢迎阿諛那些壓迫人民的在位者，他對於那種違反正道的政權自是不屑去諂媚苟合的，王通所做的正是對良善的仁政給予褒揚，對於剝削騷擾人民的政權與那些暴虐昏庸無道的君主與官吏給予口誅筆伐的嚴詞貶抑。

三、反驟變、止亂媒

仁政積極的作為上便是能夠安頓、教化百姓，並使人民生活過得富裕充足，所以當賈瓊問道：「富而教之，何謂也？」王通回答說：「仁生於歉，義生於豐，故富而教之，斯易也。」〔註43〕在位者治國的目標該在於人民，一方面要使人民富足，另一方面也要以道德禮樂教化人民，如此的政治便是王通所能認同的政權。儒家思想所企求的政局是竭力於安定國家與富裕百姓，最終使得天下大治、囹圄空虛。仁政的施行一方面對於百姓得富之、教之，另一方面也要能弭平困擾人民的一切動亂，什麼樣子的動亂是百姓所恐慌厭惡的呢？戰爭兵禍便是其一，是故王通不談用兵得勝之事，對於暴力爭戰、殺戮，王通認為那是最下等的作為，如下所述：

> 李密見子而論兵。子曰：「禮、信、仁、義，則吾論之；孤虛詐力，吾不與也。」〔註44〕

> 楚公問用師之道。子曰：「行之以仁義。」曰：「若之何決勝？」子曰：「莫如仁義。過此，敗之招也。」〔註45〕

> 文中子曰：「強國戰兵，霸國戰智，王國戰義，帝國戰德，皇國戰無為。天子而戰兵，則王霸之道不抗矣，又焉取帝名乎！故帝制沒而名實散矣。」〔註46〕

王通不喜好談論兵事，巧智權謀也不是他所贊同的，他宣揚的政治是戰義與戰德的王道、帝制，得天下者若單單憑藉兵力而不施仁義，則他的得勝也僅僅在

〔註43〕同註4，卷九〈立命篇〉，頁4。
〔註44〕同註4，卷二〈天地篇〉，頁1。
〔註45〕同註4，卷五〈問易篇〉，頁4。
〔註46〕同註4，卷五〈問易篇〉，頁6。

於一時，暴虐的政權終究會被顛覆，而滋生戰端使得民不聊生、塗炭生靈者也終將失去民心。所謂的仁政便是要能處處替蒼生著想而終止戰亂與動盪，甚至是要杜絕掉可能會造成動亂的媒介。在杜絕動亂媒介這方面，王通認爲上位者施政任官必須嚴謹，執掌政教的官職務必得由有德之士來擔任，而不是由有軍功的吏來任職。另外，執政者的調動太過頻繁，將使得百姓無所措其手足，也會逐漸成爲一種動亂的開端。王通舉秦朝爲例，並對這樣的政治體系加以批評，他所讚揚的是三代以及兩漢時候派任職官的制度。《中說》載：

> 子見牧守屢易。曰：「堯舜三載考績，仲尼三年有成，今旬月而易，吾不知其道。」薛收曰：「如何？」子曰：「三代之興，邦家有社稷焉。兩漢之盛，牧守有子孫焉，不如是之極也。無定主而責之以忠，無定民而責之以化，雖曰能之，末由也已。」〔註47〕

> 子曰：「吏而登仕，勞而進官，非古也，其秦之餘酷乎！古者士登乎仕，吏執乎役。祿以報勞，官以授德。」〔註48〕

> 子曰：「委任不一，亂之媒也。監察不止，姦之府也。裴晞聞之曰：「左右相疑，非亂乎？上下相伺，非姦乎？古謂之蛇豕之政。噫！亡秦之罪也。」〔註49〕

清明的政治就該是常態安定且平穩的，若朝廷調派地方官職變動過於頻繁，爲官任職者一旦更動，繼任者之施政作風自然與前者多有不同，人民將如何在短期內適應，而當人們已經稍微能適應新任職官的施政措施後，朝廷又調派更新的官員過來，再把原先的官員調離，這種委任不一的做法等同於朝令夕改，其實是一種相當擾民的舉動。王通眼見當時任官旬月之間便再調動，是極爲憂心的，所以他舉三代、兩漢、堯舜、孔子爲例，說明調派官職不宜如此頻繁劇變，要先有固定之主、固定之民，下對上的盡忠以及上對下的教化，在有了熟悉固定的對象與範圍的前提下，儒家的道德思想也比較容易上行下效、風行草偃。推行仁政除了委任專一、定民定主之外，還得愼重選擇任官對象才行，儒家思想講求德治，王通學說當然也是著重德治。有一回賈瓊問王通說：「澆灕朴散，其可歸乎？」王通說道：「人能弘道，苟得其行，如反掌爾。昔堯舜繼軌而天下朴，夏桀承之而天下詐，成湯放桀而天下平，

〔註47〕 同註4，卷三〈事君篇〉，頁2。
〔註48〕 同註20。
〔註49〕 同註15。

殷紂承之而天下陂，文武治而幽厲散，文景甯而桓靈失，斯則治亂相易，澆
淳有由，興衰資乎人，得失在乎教。」〔註50〕由此可知德治的重要性，是故
有德之君可治天下，有德之官也足以安頓鄉里，正也因爲如此，朝廷委派官
員則必須以德性爲考量，觀看阮逸對於王通「吏而登仕，勞而進官，非古也，
其秦之餘酷乎！」此句之注解：「《周禮》：胥吏，執事而已，非委之以政教也。
《春秋》：有功，賞邑而已，非假之以名器也。秦政酷，故用吏才，而官不授
德。」〔註51〕重用有功無德之吏施政便容易產生弊端，因爲有功績而無品德
之吏講的只是利害關係，他的建功立業只是爲了得賞受封，而不是爲了造福
百姓。當我們以古爲鑑，秦朝使用法家治術，秦吏遵循的自然也是法家思想
那一套，君主與臣子之行事前提都先以利害關係來算計打量，最終是造成暴
政必亡的後果。王通借古諷今，認爲授官不可憑藉功績而必須憑藉德性，這
確實是相當中肯而有道理的觀點，自古以來所謂的三不朽即是立德爲先，其
次才是立功立言。〔註52〕既然君子立身處世當以品德爲優先，君主任命官吏
亦須以品德做爲挑選標準，對此如《史記・汲鄭列傳》所云：「天下謂刀筆吏，
不可以爲公卿。……令天下重足而立，側目而視矣。」〔註53〕是故在清明的
政治環境裡，官吏授職所依憑的標準是以德性而不以功績，而這種以有德者
來治民的觀念更是儒家思想所一貫堅持的德治原則。

四、納諫言、善補過

　　人既非聖賢，當然很難毫無過錯，即使是君王也不可能完美無瑕，然則
君主掌握天下大權，權柄牽涉政治、經濟、軍事各方面，君主的作爲對於整
個國族的興衰禍福有著牽一髮而動全身的影響力，倘若君主施政不斷地出現
缺失謬誤必將影響天下之治亂，所以君主之賢明與否又怎能不令人關切與憂
心。君主何嘗不會犯錯，但尤其重要的是犯錯就要能認錯改過，如若君主並
未發覺自己的過失之時，臣子就必須善盡本份地勸諫君主，使君主能得知自
己的過失，透過反省，進以修正自身的缺失及過錯。納諫與補過是相互連貫

〔註50〕同註43。
〔註51〕同註20。
〔註52〕參見〔晉〕杜預註：《春秋經傳集解》（臺北：七略出版社，民國80年9月二
　　　　版，相臺岳氏本）〈襄公四〉卷一七，頁9上。
〔註53〕〔漢〕司馬遷撰、〔日本〕瀧川龜太郎考證：《史記會注考證》（臺北：大安出
　　　　版社，民國87年9月）卷一二〇〈汲鄭列傳〉第六〇，頁7下。

的工夫，君主先要培養納諫之雅量，當臣下指出自己的缺點時，君主要能勇於承擔過錯，真誠地悔改與修正缺失，唯有如此才能夠痛下決心地改過遷善，以這樣自我督促的力量使得施政中節妥善，而後使得政局安定清明，而每當臣下提出寶貴的意見時，君主也要能斬釘截鐵地採納實施。《中說》載：

> 子曰：「改過不悋，無咎者善補過也。古之明王，詎能無過，從諫而已矣。故忠臣之事君也，盡忠補過。君失於上，則臣補於下；臣諫於下，則君從於上，此王道所以不跌也。」〔註54〕
>
> 薛收曰：「諫其見忠臣之心乎？其志直，其言危。」子曰：「必也直而不迫，危而不詆，其知命者之所為乎？狡乎逆上，吾不與也。」
> 〔註55〕

君主唯有能虛心地接納臣子的諫言，才能進一步地修正缺失與彌補過錯。納諫補過正是如同諸葛亮所說的：「諮諏善道，察納雅言。」〔註56〕納諫言、善補過是君主的義務，為君者若要成就王道就必得諮諏善道、察納雅言。另一方面，臣下也必當直言進諫，耿直地指正出君主的缺失，不過前提是臣子進諫時應拿捏分寸，不得僭越君臣之禮，君臣之間應該互相尊重，而諫言之目的畢竟只在於鼓勵君主實行王道仁政，萬不應該演變成忤逆犯上的無禮言行。

王通認為仁政德治所該具備的實際措施，就是如上諸小節所述云云，那麼他除了講述儒家思想裡頭的道德觀念之外，為何還必須如此苦口婆心地談論這麼多政治層面的理念與施行仁政的方針呢？這是因為王通不居其位，無法將儒家思想的道德仁政以職權為媒介直接地實踐推廣開來，雖然王通一方面已經退居講學立教，並以道德禮樂教導勸化門徒於鄉里之間，但王通知曉這麼做是漸進緩慢的，他憂心於儒學的衰微與天下蒼生的疾苦，所以另一方面也提出了許多根源於儒家的政治觀點與施行仁政德治的具體方針。王通迫切地期望日後能有賢明的君主確切地將這些理念應用施行，解救人民於水深火熱的苦難之中。王通也強調過，這種良善政治並非是過於理想而難行的，他列舉出以往三代、兩漢等清明的政權為援例，證明仁政是絕對可行的，並且還可行之久遠而使天下長治久安。像堯舜當時那樣理想清明的政治環境，

〔註54〕 同註4，卷五〈問易篇〉，頁3。
〔註55〕 同註4，卷六〈禮樂篇〉，頁2。
〔註56〕 〔梁〕蕭統編、〔唐〕李善注：《昭明文選》（臺北：五南圖書出版有限公司，民國80年10月）卷三七表上〈諸葛孔明出師表〉，頁935。

這種文武百官各司其職、百姓各安其本分的太平天下，最是讓王通所仰慕讚頌的仁政典範，他始終期盼著有生之年得以看見這樣的治世。《中說》載：

> 子不豫，聞江都有變，泫然而興曰：「生民厭亂久矣。天其或者將啟
> 堯舜之運，吾不與焉，命也。」〔註57〕

能夠讓王道實行的對象是掌握政權的在位者，若朝廷中一切的施政制度誠能以德治為前提、仁政為依歸，而帝王懂得重視儒家學術，虛心地廣納雅言，並以道德思想教化百姓、移風易俗，最終必能達到如堯舜治世一般的理想境界，而王通所期盼的理想政權也正是如此。不過我們卻不免疑惑？王通稱頌堯舜，認為堯舜當時正是最理想的政治體制，是所有儒者所仰慕的太平治世，既是如此，執政者直接以堯舜之治做為效法目標便可，為何王通除了堯舜之外，又緊接著肯定了兩漢之制而對漢朝如此地讚揚呢？此見《中說》載：

> 薛收曰：「敢問《續書》之始於漢，何也？」子曰：「六國之弊，亡
> 秦之酷，吾不忍聞也，又焉取皇綱乎？漢之統天下，其除殘穢，與
> 民更始，而興其視聽乎！」〔註58〕

> 子曰：「七制之主，其人可以即戎矣。」〔註59〕

> 文中子曰：「晉而下何其紛紛多主也。吾視惠、懷傷之，捨三國將安
> 取志乎？三國何其孜孜多虞乎！吾視桓、靈傷之，捨兩漢將安取制
> 乎？」〔註60〕

> 杜淹問七制之主。子曰：「有大功也。」〔註61〕

法先王是儒家政治觀最理想的寄託，王通最推崇期望的也仍然是三代時的理想政治，他所以常稱兩漢之制，也是不得不先藉由達成兩漢之制之近程目標，才有可能再更進一步地朝向如三代這般的太平盛世邁進，若後世君主連對於兩漢之制都效法不了、無能為力，又怎麼有可能一步登天地達到三代這般的理想境界。所以說王通絕不可能只稱讚兩漢之制，我們該明瞭其最終的目標仍然是著眼於三代的理想政局。在研讀王通學說之時我們必須注意到，他雖

〔註57〕同註6。
〔註58〕同前註。
〔註59〕阮逸注：「《續書》有七制，皆漢之賢君立文武之功業者：高祖、孝文、孝武、孝宣、光武、孝明、孝章是也。」引書同註4，卷一〈王道篇〉，頁6。
〔註60〕同註54。
〔註61〕同註4，卷七〈述史篇〉，頁6。

然屢屢稱頌兩漢之制,但卻也往往不忘一併推崇三代之法。如下所載:

> 文中子曰:「二帝三王,吾不得而見也。捨兩漢將安之乎?大哉七制
> 之主,其以仁義公恕統天下乎!其役簡,其刑清,君子樂其道,小
> 人懷其生,四百年間天下無二志,其有以結人心乎?終之以禮樂,
> 則三王之舉也。」〔註62〕

> 賈瓊問:「太平可致乎?」子曰:「五帝之典,三王之誥,兩漢之制,
> 燦然可見矣。」〔註63〕

> 不以三代之法統天下,終危邦也。如不得已,其兩漢之制乎?不以
> 兩漢之制輔天下者,誠亂也已。〔註64〕

王通雖是稱讚兩漢之制,但僅是以達到如兩漢之制這般的政治體制為初步目標,其心目中標榜的政治環境其實還更勝於兩漢之制。如周公當時那種清明理想的政治更是王通所稱頌的,也惟有這樣的政治才是王通真正期盼的遠程目標。其陳述如下:

> 吾視千載已上,聖人在上者,未有若周公焉。其道則一而經制大備,
> 後之為政,有所持循。〔註65〕

> 美哉!公旦之為周也。外不屑天下之謗而私其跡,曰:「必使我子孫
> 相承而宗祀不絕也。」內實達天下之道而公其心,曰:「必使我君臣
> 相安而禍亂不作。」深乎!深乎!安家者所以寧天下也,存我者所
> 以厚蒼生也。故遷都之義,曰:「洛邑之地,四達而平,使有德易以
> 興,無德易以衰。」〔註66〕

王通所標榜的政治,是在上位者能夠如周公一般達到「寧天下、厚蒼生」的理想治世,他之所以也肯定兩漢之制,乃因漢代君主對於儒家思想的舉用,並將儒家學說實際應用在政治上而達到卓越的功效,正如皮錫瑞所說道:「雖漢家制度,王霸雜用,未能盡行孔教;而通經致用,人才已為後世之所莫逮。蓋孔子之以《六經》教萬世者,稍用其學,而效已著明如是矣。自漢以後,闇忽不章。其尊孔子,奉以虛名,不知其所以教萬世者安在;其崇經學,亦

〔註62〕同註38。
〔註63〕同註46。
〔註64〕同註41。
〔註65〕同註4,卷二〈天地篇〉,頁4~5。
〔註66〕同註20。

視爲故事，不實行其學以治世。」〔註 67〕對於王通稱讚兩漢之制，朱熹曾批評說：「文中子他當時要爲伊周事業；見道不行，急急地要做孔子。他要學伊周，其志甚不卑。但不能勝其好高自大欲速之心，反有所累。二帝三王卻不去學，卻要學兩漢，此是他亂道處。」〔註 68〕實則王通並非不學二帝三王而只學兩漢，他稱許兩漢之制的用意，乃考量儒家道德觀念實際應用於政治上的可行性，畢竟南北朝距離堯舜時代已相當久遠，而兩漢將儒學運用在施政上有顯著的成果，且其擁有許多寶貴的經驗與較多的成文典章流傳於後世，可提供後世的執政君主參考遵循。由南北朝或隋代的政治環境之中直接上溯取法堯舜時代的理想治世，難免有不易切合於現實與不合時宜之處，與其好高騖遠而落得曲高和寡的話，還不如先遵循兩漢之制，再遙契於堯舜的太平天下，循序漸進地往最終目標努力，同時也能配合時代環境、兼顧現實與理想。所以，藉由兩漢之制確立儒家道德仁義在政治中的相融性與可行性，是王通所注意到的議題，而斷不是像朱熹所批評的那樣不堪。

　　王通的儒學思想中一方面堅持道德、王道等傳統，另一方面也留心於時變，知曉權宜，王通的儒學走的是經世致用的進路，說要學兩漢亦是考量儒家思想「用」於政治上的情況，王通的政治觀是將儒家道德寄託在君主身上，使其能在實際的執政措施上有所發揮，期望達到內聖外王的理想目標。觀時變、權宜，遠古堯舜之時政治環境畢竟單純許多，且黎民百姓以部落形態聚集居息，那個時候的人心是原始而質樸的。至春秋戰國時，論政治軍事是各國爭伐、爾虞我詐的，談學術思想則是百家爭鳴、星羅棋布。強秦一統天下，惜君主暴虐無道以法家重賞重罰、講究功利做爲統治之術，終究導致民怨沸騰揭竿抗秦，最終成功顛覆了秦朝的暴政。秦朝是以法家思想掛帥的專制政權，雖強可滅六國，然極度地否定道德意志與人性的本善，做法自斃而付出了十五年就滅亡的代價。漢初，執政者不得不痛定思痛地考量法家思想的弊端，便改以儒法並行之治術統馭天下。這便是皮錫瑞所說的：「雖漢家制度，王霸雜用，未能盡行孔教；而通經致用，人才已爲後世之所莫逮。」〔註 69〕漢朝制度雖然王霸雜用，但它畢竟是首先將儒家思想採納運用在政治制度上

〔註67〕〔清〕皮錫瑞：《經學歷史》（臺北：藝文印書館，民國 93 年 3 月），頁 10。
〔註68〕〔宋〕朱熹著、〔宋〕黎靖德編：《朱子語類》（臺北：文津出版社，民國 75 年 12 月），卷一三七〈戰國漢唐諸子〉，頁 3267。
〔註69〕同註 67。

的大一統政權，並且留下頗具成效的模範以及相關的文物典章。所以，王通稱讚兩漢之制非但不是「亂道」，反倒該讚許他的這番言論是極具智慧與見地的。畢竟王通的王道思想不只是消極地期盼聖王的誕生以開創治世，而是站在儒家道德的角度積極地監督上位者，使之能遵行儒家的王道文化，在執政當中確切履行道德仁義的不忍人之政，這也就是王通著述立說而闡揚王道的用意所在，《中說》所載如下：

> 文中子曰：「天下無賞罰三百載矣。《元經》可得而不興乎？」薛收曰：「始於晉惠，何也？」子曰：「昔者明王在上，賞罰其有差乎？《元經》褒貶，所以代賞罰者也，其以天下無主而賞罰不明乎！」
>
> 薛收曰：「然則《春秋》之始周平、魯隱，其志亦若斯乎？」子曰：「其然乎！而人莫之知也。」薛收曰：「今乃知天下之治，聖人斯在上矣。天下之亂，聖人斯在下矣。聖人達而賞罰行，聖人窮而褒貶作，皇極所以復建而斯文不喪也。不其深乎！」再拜而出，以告董生。董生曰：「仲尼沒而文在茲乎！」〔註70〕
>
> 子謂叔恬曰：「汝為《春秋》、《元經》乎？《春秋》、《元經》於王道，是輕重之權衡，曲直之繩墨也。失則無所取衷矣。」〔註71〕

王通既不是君主，又未於朝廷擔任官職，他不在其位故不得謀其政，然而眼見天下局勢如此紛亂不堪，王通有悲憫之心自然是無法漠視上位者的荒唐昏庸，無法縱容官吏的尸位素餐以及魚肉百姓，是故他著述立說以《元經》之褒貶代替賞罰，欲效法孔子使亂臣賊子無所遁形而心生畏懼，他挺身而出著述以行褒貶，動機實非出自於妄自尊大的自聖之心。我們可觀當此南北朝之時，孔、孟已歿，中國遭逢五胡亂華之歷史事件，學術則處於佛、玄昌盛的環境背景當中，此一時代的諸多課題已較往昔大相逕庭。王通背負儒者之使命感，不甘願隨波逐流、與世浮沉，在未獲朝廷重用而無法施展其對於儒家思想所懷抱的理想之情況下，他既無機會將儒學直接寄託在君主與政治上頭，不得不退而著述立說，一方面竭心闡揚漸趨傾頹的儒家思想，另一方面更是欲以褒貶督促在上位者，使其不敢肆無忌憚地逾越本份、欺凌百姓。惟獨可惜的是《元經》已然亡佚，使後世無法進一步研讀探究，以明瞭王通所褒貶的對象與其人作為之優劣得失。

〔註70〕同註4，卷一〈王道篇〉，頁2～3。
〔註71〕同註4，卷三〈事君篇〉，頁4。

第二節 帝北魏

南北朝時代中，南朝爲漢族南遷，北朝多爲胡人入侵所創立的政權，王通不以南朝爲正統，反倒是以北朝元魏做爲正統，他這種觀念頗受後人批評爭議，斥之爲毫無民族意識。實則，吾輩必須先查明其時代背景，方能體會王通之心，倘若不明究理一味地妄作非議，難免有失公允。藉由史籍所載南朝、北朝君主相互比較之下，我們就能徹底地瞭解到南朝君主的昏庸無道，以及北魏君主的勵精圖治，是故相較於南朝腐敗淫靡的情況之下，北朝的元魏反倒是呈現生機，北魏君主光耀儒學、傳延道統，儼然呈現出一種嶄新的儒學氛圍。這時候的南朝君主卻反不及北魏的奮發振作，南朝君主如眾所皆知的梁武帝，他崇尚佛教的程度遠勝於對儒學的用心，所以佛教在南朝當時的盛況，正如唐朝詩人杜牧的〈江南春〉所云：「南朝四百八十寺，多少樓臺煙雨中。」〔註72〕由此我們便不難想見南朝君主重佛輕儒的情形是多麼地嚴重。更甚者，如南朝的齊廢帝、陳後主，皆是些無心治國、昏庸無能、淫靡無道的君王。誠如《南史》所載：

> 帝在東宮，便好弄，不喜書學，明帝亦不以爲非，但勗以家人之行，令太子求一日再入朝，發詔不許，使三日一朝。在宮嘗夜捕鼠達旦，以爲笑樂。……大起諸殿，芳樂、芳德、仙華、大興、含德、清曜、安壽等殿，又別爲潘妃起神仙、永壽、玉壽三殿，皆匝飾以金璧。其玉壽中作飛仙帳，四面繡綺，窗間盡畫神仙。又作七賢，皆以美女侍側。鑿金銀爲書字，靈獸、神禽、風雲、華炬，爲之玩飾。橡桷之端，悉垂鈴佩。江左舊物，有古玉律數枚，悉裁以鈿笛。莊嚴寺有玉九子鈴，外國寺佛面有光相，禪靈寺塔諸寶珥，皆剝取以施潘妃殿飾。性急暴，所作便欲速成，造殿未施梁桷，便於地畫之，唯須宏麗，不知精密。酷不別畫，但取絢曜而已，故諸匠賴此得不用情。又鑿金爲蓮華以帖地，令潘妃行其上，曰：「此步步生蓮華也。」〔註73〕

後主愈驕，不虞外難，荒於酒色，不恤政事，左右嬖倖珥貂者五十

〔註72〕 〔清〕聖祖康熙：《御定全唐詩》（臺北：世界書局，民國77年2月，《四庫全書薈要》），卷五二二〈江南春絕句〉，頁2下。

〔註73〕 〔唐〕李延壽：《南史》（臺北：臺灣商務印書館，民國57年9月，臺二版，《百衲本二十四史》），卷五〈齊廢帝東昏侯本紀〉，頁16下～20下。

人，婦人美貌麗服巧態以從者千餘人。常使張貴妃、孔貴人等八人夾坐，江總、孔范等十人預宴，號曰「狎客」。先令八婦人襞采箋，制五言詩，十客一時繼和，遲則罰酒。君臣酣飲，從夕達旦，以此為常。而盛修宮室，無時休止。稅江稅市，徵取百端。刑罰酷濫，牢獄常滿。〔註74〕

王通見南北朝時局紛亂，他深感三代、兩漢以下的「帝制」早已經名存實亡，諸國爭戰紛擾，綜觀南朝由晉至陳的各個朝廷政權，也實在難以再見到明主之跡與王道之行。對於「帝制」之衰亡，王通之感觸尤為深切。《中說》載：

子曰：「變風變雅作，而王澤竭矣。變化變政作而帝制衰矣。」〔註75〕

薛生曰：「殤之後帝制絕矣，《元經》何以不興乎？」子曰：「君子之於帝制，并心一氣以待也。傾耳以聽，拭目而視，故假之以歲時。桓、靈之際，帝制遂亡矣，文、明之際，魏制其未成乎？太康之始，書同文、車同軌。君子曰：『帝制可作矣，而不克振。』故永熙之後，君子息心焉，曰：『謂之何哉？』《元經》於是不得已而作也。……《元經》興而帝制亡矣。」〔註76〕

南朝儒風既已淪喪至此，我們反觀北朝的北魏君主，如魏太宗、魏孝文帝，他們竭力推廣一連串復興儒術的政策：漢化、禮遇儒生、改胡姓拓拔為漢姓元、詔定樂章、立孔子廟於京師等等，此番作為無一不符合王道思想，誠是整個南北朝時期所相當罕見的創舉。北魏即使在種族上屬於胡族，在軍事上雖也是強而有力的北朝霸主，然則北魏君主依舊能勵精圖治、用心於儒學、體恤黎民百姓，他們不憑恃武力或嚴刑峻法治國，反倒懂得以儒家的王道觀念德化百姓，相較於南朝那些荒誕無道的君主，兩者間賢愚立判。北魏如：魏太宗、魏孝文帝這般仁民愛物的君主，其實遠比南朝諸君更具備帝王風範。據《北史》載：

帝兼資文武，禮愛儒生，好覽史傳，以劉向所撰《新序》、《說苑》於經典正義多有所闕，乃撰《新集》三十篇，采諸經史，該洽古義云。〔註77〕

〔註74〕同前註，卷一○〈陳後主本紀〉，頁11上。

〔註75〕同註8。

〔註76〕同註4，卷五〈問易篇〉，頁7～8。

〔註77〕〔唐〕李延壽：《北史》（臺北：臺灣商務印書館，民國57年9月，臺二版，《百衲本二十四史》），卷一〈魏太宗本紀〉，頁29上。

高祖孝文皇帝諱宏，獻文皇帝之太子也。……皇興二年二月丁巳，
詔曰：「頃者，淮徐未賓，尼父廟隔非所，致令祠典寢頓，禮章殄
滅，遂使女巫妖覡淫進非禮。自今有祭孔廟，制用酒脯而已，不
聽婦女雜合，以祈非望之福。犯者以違制論。其公家有事，自如
常禮。……（皇興）三年夏四月壬子，詔以孔子二十八世孫魯郡
孔乘爲崇聖大夫，給十户以供灑掃。……（太和十九年）庚申，
幸魯城。親祠孔子廟。辛酉，詔拜孔氏四人，顏氏二人爲官。詔
兗州刺史舉部内士人堪軍國及守宰政績者，具以名聞。詔賜兗州
人爵及粟帛如徐州。又詔選諸孔宗子一人封崇聖侯，邑一百户，
以奉孔子祀。命兗州爲孔子起園柏，修飾墳隴，更建碑銘，褒揚
聖德。……癸丑，求天下遺書。秘閣所無，有裨時用者，加以厚
賞。乙卯，曲赦梁州，復人田租三歲。丙辰，詔遷洛人，死葬河
南，不得還北。於是代人南遷者，悉爲河南洛陽人。戊午，詔改
長尺大鬥，依《周禮》制度，班之天下。……（太和）二十一年
夏四月庚申，幸龍門。使以太牢祭夏禹。癸亥，幸蒲板。使以太
牢祭虞舜。修堯、舜、夏禹廟。〔註78〕

由此可知王通在《中說》之中表明自己「帝北魏」的思想，又豈會是無中生
有的空穴來風。一個朝代的政局的清明與否？社會治亂與否？這些問題皆與
在上位者本身的道德人品，以及他所遵循的施政原則等等，存有著密不可分
的關聯性。執政的君主若願師法唐堯、虞舜，則天下治，若要自甘墮落便等
同於夏桀、商紂，如此一來天下豈有不亂之理。況且，舉凡在上位者對於某
事某物有所喜好，下至群臣乃至於黎民百姓，也必當極力地對此討好推崇，
如南朝君主好佛，則國境之內隨處可見林立的佛寺；君主愛好綺文，則滿朝
文風輕豔淫靡。北魏孝文帝勵行漢化、敬重儒學，居其帝位能以身作則，他
治國仁厚、從善如流，能「修己以安百姓」〔註79〕此風範正如孔子所言：「政
者，正也。子帥以正，孰敢不正？」〔註80〕、「其身正，不令而行；其身不正，
雖令不從。」〔註81〕魏孝文帝懂得尊孔崇儒、以德化民，百姓日復一日地遵

〔註78〕同前註，卷三〈魏孝文帝本紀〉，頁1上～27上。
〔註79〕同註1，《論語》卷七〈憲問〉第一四，頁104。
〔註80〕同註25。。
〔註81〕同註1，《論語》卷七〈子路〉第一三，頁88。

循德化，則民風亦將趨於淳善樸實，此正如孔子所謂：「子欲善，而民善矣！君子之德，風；小人之德，草；草上之風，必偃。」〔註82〕王通的思想既是儒家的道德思想，其所強調的當然是仁、性、五常；是盡忠、盡孝，而遵循這些德目的最終目的則在於感通踐仁盡性之道，踐仁盡性的對象與場所其實並不複雜，即便是在日常的待人接物之中也可以顯現，處於哪種身分之人，就應盡好該種身分所應盡的本份職責，故君臣、父子理當各安其本份，「仁」必於親情倫理中體現而為「孝」，那是父父、子子之道，父子兄弟間以孝悌為感通。更上一層在朝廷中，君臣間以禮敬、忠信互為感通，這便是君君、臣臣之道。君臣關係如同父子關係之延伸，所以有子說道：「君子務本，本立而道生。孝弟也者，其為仁之本與！」〔註83〕魏孝文帝亦以孝聞名，四歲時，其父皇患癰，他親自吸吮膿瘡。五歲受禪之時，悲泣不能自勝。父皇問其緣故，北魏孝文帝說道：「代親之感，內切於心。」〔註84〕北魏孝文帝盡孝道、行德政之作為，儼然如舜帝一般展現著聖王典範。由此觀之，王通於《中說》中直言「帝北魏」，確實無不當之處，至於那些非議者，蓋未深瞭南北朝的時代背景，以及北魏孝文帝尊孔崇儒、勵行德政等歷史事件。在王通的心目中，惟有以北魏孝文為「帝」才可謂名正言順。南朝齊、梁、陳各朝君主於「帝」之名著實當之有愧，彼輩皆未能媲美北魏孝文帝之道德人品與學問才華。據以下所引，可知史傳對於北魏孝文帝之稱譽：

> 帝幼有至性。年四歲時，獻文患癰，帝親自吮膿。五歲受禪，悲泣不自勝。獻文問其故，對曰：「代親之感，內切於心。」獻文甚歎異之。……雅好讀書，手不釋卷。《五經》之義，覽之便講。學不師受，探其精奧；史傳百家，無不該涉。……愛奇好士，情如飢渴。待納朝賢，隨才輕重。常寄以布素之意。悠然玄邁，不以世務嬰心。又少善射，有膂力：年十餘，能以指彈碎羊髆骨；射禽獸，莫不隨行所至而斃之。至十五，便不復殺生，射獵之事悉止。性儉素，常服浣濯之衣，鞍勒鐵木而已。帝之雅志，皆此類也。〔註85〕

王通於《中說》中屢屢表明出「帝北魏」的思想，為何王通對南朝政權及君

〔註82〕同註25。
〔註83〕同註1，《論語》卷一〈學而〉第一，頁1。
〔註84〕同註77，卷三〈魏孝文帝本紀〉，頁30下。
〔註85〕同前註，卷三〈魏孝文帝本紀〉，頁30下～31上。

王這般地不以爲然，惟獨認同胡族的北魏政權呢？乍看之下我們不免心存困惑，而站在傳統夷夏之防的角度來講更是難以諒解，其原因：一方面固然是魏孝文帝賢於南朝諸君，但另一方面這也與王通堅持的兩項政治觀念息息相關，於是我們必須更進一步地釐清探究，才得以確切地明瞭到王通「帝北魏」思想更深層的背後動機。

一、大公己私之分判

　　王通認爲君權並非無中生有，也非上天無緣無故地授命予君主，雖說君王是天子、至尊、天命的依歸，事實上君權的效用只在於代替人民行使政權，授命職官以管理好眾人之事，目標更該是安頓妥天下百姓蒼生。君主這種至高無上的權力事實上是來自於人民的託付，說得更確切些這種權柄即是一種「公權」而非「私權」，執政者應有明確的公私之分，行使權力治國時必須秉公無私，以天下爲心而遺忘己身，如此始稱得上是庇護人民的正主。站在儒家的立場，儒者雖不斷強調政權本應是至公無私的，但畢竟君民之間存有強烈的尊卑階級之分，百姓往往不敢逾越此一界線，所以人們總慣於逆來順受，若非眞的遭遇到殘暴至極的政權，否則百姓決不敢輕易批評指責君主，而道家、佛教學說之特色趨向明哲保身與消極避世，故寧可逃避也不好與政權產生摩擦衝突。再觀君主對於政權的維繫方式，他們一方面慣以法家思想來樹立威勢鞏固政權，另一方面也加重儒家的忠君觀念以箝制儒者之自主思想。或許就在儒、法、道、佛各家思想的融合下，無意間鑄造出一種適宜被君主運用的統治術，讓中國的政治體制綿延了數千年之久，使中國很難開創出如歐美一般的民主政體。不過相較於佛老思想，儒家思想之政治觀畢竟是入世積極多了！畢竟君權至上的觀念與儒家思想的本意是相違背的，倘若孟子「民貴君輕」思想與王通「至公無私」思想當初能進一步地被重視與發揮，對於中國一君獨大的專制政體而言，未嘗不是一種約束抑制的力量。《中說》載：

> 房玄齡問正主庇民之道。子曰：「先遺其身。」曰：「請究其說。」
> 子曰：「夫能遺其身，然後能無私；無私，然後能至公；至公，然後以天下爲心矣，道可行矣。」〔註86〕

〔註86〕同註17。

王通之所以強調「至公無私」的庶民之道，正是殷切期盼著大同世界的來臨，庶護子民的政權便是王通所認同的政權。君主能無私庶民、以天下爲心，便是符合儒家「公天下」的思想，「公天下」之情景誠如《禮記》所載：

> 大道之行也，天下爲公。選賢與能，講信修睦，故人不獨親其親，
> 不獨子其子，使老有所終，壯有所用，幼有所長，矜寡孤獨廢疾者，
> 皆有所養。男有分，女有歸。貨惡其棄於地也，不必藏於己；力惡
> 其不出於身也，不必爲己。是故謀閉而不興，盜竊亂賊而不作，故
> 外戶而不閉，是謂大同。今大道既隱，天下爲家，各親其親，各子
> 其子，貨力爲己，大人世及以爲禮。城郭溝池以爲固，禮義以爲紀；
> 以正君臣，以篤父子，以睦兄弟，以和夫婦，以設制度，以立田里，
> 以賢勇知，以功爲己。故謀用是作，而兵由此起。禹、湯、文、武、
> 成王、周公，由此其選也。此六君子者，未有不謹於禮者也。以著
> 其義，以考其信，著有過，刑仁講讓，示民有常。如有不由此者，
> 在勢者去，眾以爲殃，是謂小康。〔註87〕

在上位者能安治天下、庶護人民，最終達到〈禮運〉所載「天下爲公」的境界，才是王通理想中的君主。遠古的聖王之政便是名副其實的「公天下」，堯帝、舜帝那種傳賢不傳子的「禪讓」風氣是最至公無私的行爲，藉由禪讓所架構出的政權便是最理想清明的政治體制，然而這種無私的行爲卻被後起的「世襲制」給取代，假使我們從儒家的角度思考，「家天下」畢竟是等而下之的政治體制，在兄終弟及、父死子繼的原則下，百姓對於繼任王位的對象無從篩選，也渾然不知繼任者之優劣愚賢，哪朝一日倘使是不肖之人即位爲君，那麼百姓也只有無可奈何地接受現實。天下屬於百姓所共有，那是至公無私的，所謂「公天下」之政權便不該爲一家一姓所獨佔，也絕對不是歸屬於哪一種特定的族類所能擁有，因此政權的依歸只該著眼於執政者的道德人品。王通對於那些不思安頓百姓，徒具私心、有名無實之「帝」，早已經是痛心疾首，這些君主淫靡荒誕、暴虐無道，不曾關懷民間疾苦與體恤百姓，這也莫怪乎王通對此名不副實之「帝制」，會如此地痛心與感嘆。《中說》載：

> 薛收曰：「帝制其出王道乎？」子曰：「不能出也。後之帝者，非昔
> 之帝也，其雜百王之道而取帝名乎？其心正，其跡譎，其乘秦之弊，

〔註87〕　〔東漢〕鄭玄注、〔宋〕岳珂校：《禮記》（臺北：新興書局有限公司，民國64
年10月，相臺岳氏本），卷七〈禮運〉第九，頁1上～2下。

不得已而稱之乎！政則苟簡，豈若唐虞三代之純懿乎？是以富人則可，典禮則未。」薛收曰：「純懿遂亡乎？」子曰：「人能弘道焉，知來者之不如昔也？」〔註88〕

文中子曰：「帝之不帝，久矣。」王孝逸曰：「敢問《元經》之帝何也？」子曰：「絜名索實，此不可去。其爲帝，實失而名存矣。」〔註89〕

王通認爲「帝制」並非是絕對而不可動搖的權威，在「至公、無私，以天下爲心」的大前提下，臣子與人民的權力未必小於帝王，至於人們是否順從帝王權力，端視君主能否愛戴天下子民而定。所以對於無道之君，王通認爲「廢昏舉明」實爲當然之理。《中說》載：

房玄齡曰：「書云霍光廢帝舉帝，何謂也？」子曰：「何必霍光，古之大臣，廢昏舉明，所以康天下也。」〔註90〕

那些徒具虛名，不肯勵行王道、無法安治百姓之「帝」，正是王通貶抑的對象。然而，王通對於薛收所問：「純懿遂亡乎？」卻不給予悲觀的答覆，他仍舊是懷抱著希望，期許能出現以天下爲己任，懂得懷德以安民的弘道之人爲帝，那必須是一位能夠庇護人民的正主，他要能遺忘己身、要能無私至公、要能以天下爲心。如此一來，王道方可施行。憑上述這些條件做爲篩選，綜觀南北朝諸多君主之中能勉強符合者：王通惟推北魏孝文帝。既然王通堅信「天下爲公」的概念，他必也懂得以民爲尊、以君爲輕，「民貴君輕」的觀念誠如孟子所言：「民爲貴，社稷次之，君爲輕。是故得乎丘民而爲天子；得乎天子爲諸侯；得乎諸侯爲大夫。諸侯危社稷，則變置；犧牲既成，粢盛既絜，祭祀以時，然而旱乾水溢，則變置社稷。」〔註91〕對於無德之君主或是無道之政權，孟子曰：「賊仁者，謂之賊；賊義者，謂之殘。殘賊之人，謂之一夫。聞誅一夫紂矣，未聞弒君也。」〔註92〕王通既然認爲君權帝位並非是不容動搖的威勢，於是他必然肯定天下乃有德者居之的觀感，那麼失德腐敗的政權終究難逃窮途末路的惡果。王通的想法是如此，孟子的想法也是如此，舉凡儒家人物皆必認爲：暴戾無道之政權必定遭受驅逐顚覆。

〔註88〕同註4，卷五〈問易篇〉，頁5。
〔註89〕同註4，卷六〈禮樂篇〉，頁1～2。
〔註90〕同註4，卷三〈事君篇〉，頁1～2。
〔註91〕同註1，《孟子》卷七〈盡心下〉，頁207～208。
〔註92〕同註1，《孟子》卷一〈梁惠王下〉，頁26。

二、文化種族之先後

在南北朝這種胡漢政權夾雜的時代，儒者所該優先面對的議題便是文化的存亡，所應該質疑的是：南朝君主對於傳統儒學的態度是發揚還是漠視？北朝君主面臨到中國儒家思想時所採取的態度是接收抑或破壞？或許我們可以先如此設想：倘若不是南朝漢族君主的昏庸無道、暴虐缺德，王通又如何會把「王道」的希望寄託在胡人統治的北魏政權上呢？王通雖身處北朝，猶感懷著南朝政權本為中國之舊，無奈的卻是在位者無德無能，輕儒教、棄禮樂、失王道。晉、宋、齊、梁、陳，各朝政權遞嬗之迅速、國家動盪之劇烈，也使得王通不禁有「晉而下，何其紛紛多主也。」〔註93〕之感嘆。觀《中說》所載：

> 叔恬曰：「敢問《元經》書陳亡而具五國，何也？」子曰：「江東，中國之舊也。衣冠禮樂之所就也。永嘉之後，江東貴焉；而卒不貴，無人也，齊、梁、陳於是乎不與其為國也。及其亡也，君子猶懷之，故書曰：晉、宋、齊、梁、陳亡，具五以歸其國，且言其國亡也。嗚呼，棄先王之禮樂，以至是乎。」叔恬曰：「晉、宋亡國久矣，今具之，何謂也？」子曰：「衣冠文物之舊，君子不欲其先亡。宋嘗有樹晉之功，有復中國之志，亦不欲其先亡也，故具齊、梁、陳以歸其國也，其未亡，則君子奪其國焉。」曰：「中國之禮樂安在，其已亡則君子與其國焉。」曰：「猶我中國之遺人也。」叔恬曰：「敢問其志。」文中子泫然而興，曰：「銅川府君之志也，通不敢廢。書五國並時而亡，蓋傷先王之道盡墜，故君子大其言，極其敗，於是乎數地而求更新也，期逝不至而多為卹，汝知之乎，此《元經》所以書也。」〔註94〕

既有此家國之感、哀戚之情，豈可謂王通無民族意識。實則，王通亦有夷夏之分，只是在種族意識之前，文化意識更為當務之急，故愈顯重要，在天下紛亂、禮崩樂壞的南北朝時期，儒學道統正值危急存亡之際，南朝君主或重佛輕儒、或荒淫無能，不思振作，反觀北魏的魏太宗、魏孝文帝等君主卻能夠尊崇周孔，設立孔廟、敬重儒生，因此儒者又何能再拘泥於種族的迥異而漠視文化傳承的議題。正因為文化傳承議題在這個時代所佔的重要性，所以

〔註93〕同註54。
〔註94〕同註4，卷七〈述史篇〉，頁2～3。

王通未因爲胡人的種族血統迥異於華夏，而否定孝文帝在顯揚儒學與傳承中國文化上的卓越貢獻，反倒是以撰《元經》來認可北魏政權的正統地位。《中說》載：

> 或問魏孝文，子曰：「可與興化。」〔註95〕
>
> 元魏之有主，其孝文之所爲乎？中國之不墜，孝文之力也。〔註96〕
>
> 子曰：「《元經》，其正名乎？皇始之帝，徵天以受之也。晉、宋之王，近於正體，於是乎未忘中國，穆公之志也。齊、梁、陳之德，斥之於四夷，以明中國之有代，太和之力也。」〔註97〕
>
> 董常曰：「《元經》之帝北魏，何也？」子曰：「亂離斯瘼，吾誰適歸？天地有奉，生民有庇，即吾君也。且居先王之國，受先王之道，予，先王之民矣，謂之何哉？」……董常曰：「敢問卒帝之何也？」子曰：「貴其時，大其事，於是乎用義也。」〔註98〕

對於傳統儒家思想中的夷夏之分，倘若按照孔子的觀點，文化意識同樣是置於種族意識之前。外族由於尚未接受教化，所以才會如此地粗鄙無禮、才會不明瞭綱常倫理。因爲他們文化意識低落，所以也才會「被髮左衽」。〔註99〕推究其緣由，夷狄文明未經開化，就是因爲欠缺道德、禮樂等文化教導，然而「文明未開」並不等同於「毫無文明」，「未受教化」亦不宜被冠上「不受教化」的罪名。如若被髮左衽的外族能夠虛心受教，服膺禮樂之制、遵從倫理綱常，即使是孔子也豈會吝於稱讚之。孔子曾經這麼說道：「夷狄之有君，不如諸夏之亡也。」〔註100〕況且，種族地域雖有夷夏之分，道德仁義則是放諸四海皆準，又何必有夷夏之區別。在孔子的理念之中，道德意識是不受時空種族所限制。例如《論語》所載：

> 樊遲問仁。子曰：「居處恭，執事敬，與人忠；雖之夷狄，不可棄也。」〔註101〕
>
> 子張問行。子曰：「言忠信，行篤敬，雖蠻貊之邦行矣；言不忠信，

〔註95〕同註4，卷二〈天地篇〉，頁7。
〔註96〕同註4，卷四〈周公篇〉，頁3。
〔註97〕同註4，卷五〈問易篇〉，頁7。
〔註98〕同註4，卷七〈述史篇〉，頁2。
〔註99〕同註1，《論語》卷七〈憲問〉第一四，頁98。
〔註100〕同註1，《論語》卷二〈八佾〉第三，頁14。
〔註101〕同註1，《論語》卷七〈子路〉第一三，頁91。

行不篤敬，雖州里行乎哉？立，則見其參於前也；在輿，則見其倚
於衡也。夫然後行！」〔註102〕

王通以文化意識為先，以種族意識為後，未曾違背儒家思想之初衷，所以實無不當之處。至於其「帝北魏」的政治立場，後世倘若能明瞭其旨意，也絕對不會非議怪罪之。後人看待北魏孝文帝的態度，如果只因為他的異族身份就忽視他延續儒學文化的功績。試問？夏桀、商紂豈是外族君主，又為何要如此暴虐欺凌同族的臣子與百姓，如斯率獸食人的華夏政權，又何能讓天下黎民心口皆服地歸向。這種漢族君主著實遠不如能夠修德安民、講信修睦、尊孔敬儒的外族君長。所以，我們必須觀察對照南朝與北朝君主的所作所為，思量在齊、梁、陳諸君的昏庸無德、不思振興的時代背景之下，王通把希望寄託在北魏孝文帝的外族政權上，亦是一件合情合理、眾望所歸之事。龔鵬程先生也說道：「事實上，他認同的並不是北朝，也不是胡人政權。……我們不能以單純的南北之見來概括王通，更不能說他夷夏觀念淡薄。因為儒家的夷夏觀念，實際上是超越種族意義的，……他推崇北魏，也是如此。」〔註103〕龔氏此說甚是。

〔註102〕同註1，《論語》卷八〈衛靈公〉第一五，一〇六。
〔註103〕龔鵬程：〈北朝最後的儒者──王通〉，《幼獅學誌》第二〇卷第二期（民國
77年10月），頁75～76。

第五章 《中說》之文化觀

第一節 教育觀

　　眾所周知，儒家思想極為重視教育的作用，孔子本身即是一位教育家，其「有教無類」的精神，使得學問逐步普及到民間而不再專屬於貴族。儒家學術著重師承關係，有德性學問的儒者聚徒講授儒學，經由門人弟子傳承儒學之後便能繼續廣佈流傳，儒學於是乎承先啓後地綿延不絕。儒者將儒家思想普及於鄉里，諄諄教誨使道德觀念深植於人心，進階來說更是積極地期盼以儒家學問影響天下的局面。所以，儒家思想是離不開教育的，更該說儒家思想也就是一種道德思想的教育，教人們「志於道，據於德，依於仁，游於藝。」，〔註1〕但是這裡必須注意的是，近現代學者以西方教育理論做為基礎來談論儒家思想有時候是說不通的，西方的教育理論重視的是客觀的知識論，中國的儒家學說所著重的是道德主體，儒家的教育是以道德思想引導群眾，亦是一種推己及人與闡揚儒學道德觀的推廣方式。筆者之所以會先把王通的道德觀放置在前頭談論，再而把其教育觀放置在後頭的章節談論，為的就是要避免兩者之間主從混淆，甚至造成倒果為因的情況，這種排列順序並非表示王通的教育觀不太重要。王通的儒學體系中亦是著重教育的，由《中說》所載，不難發現王通「續經」的用意，就是要藉由著述立說來教育百姓，茲舉例如下：

〔註1〕〔宋〕朱熹註：《四書集註》（臺南市：大孚書局有限公司，民國80年3月），《論語》卷四〈述而〉第七，頁42。

> 薛收問《續詩》。子曰：「有四名焉，有五志焉。何謂四名？一曰化，
> 天子所以風天下也。二曰政，蕃臣所以移其俗也。三曰頌，以成功
> 告於神明也。四曰嘆，以陳誨立誠於家也。凡此四者，或美焉，或
> 勉焉，或傷焉，或惡焉，或誡焉，是謂五志。」〔註2〕

化是教化的意思，也就是教育，而教育的意義在於引導人民，進以達到移風
易俗的目標。雖說天子可以風天下，實際上天子首先也得先具備良美的德性，
才有資格以身作則地教化百姓，所以在王通的教育觀中，應該受教育的對象
不僅僅是一般庶民階層，即便是貴為天子者亦須從師學習，好好地修養仁義
品德以及真誠地履踐為君之道，然而天子的權力地位既已在萬人之上，他又
當以何人為師呢？對此王通這麼說道：

> 事者，其取諸仁義而有謀乎！雖天子必有師。然亦何常師之有，唯
> 道所存。以天下之身，受天下之訓，得天下之道，成天下之務，民
> 不知其由也，其惟明主乎！〔註3〕

站在王通的立場，他認為由天子到庶人，都必須要不分貴賤地遵循教化，而
受教內容便是儒家的道德仁義，這是由於大至天下的治亂興衰，小至個人的
行為舉措得失，皆與儒家的教化是否暢通關係密切，倘若儒學興盛便能使禮
樂教化普及，最終使得天下復歸於純樸，如此在上位者又何愁天下無太平之
日，故而王通如此強調教化的作用，《中說》有載：

> 賈瓊曰：「澆漓朴散，其可歸乎？」子曰：「人能弘道，苟得其行，
> 如反掌爾。昔堯舜繼軌而天下朴，夏桀承之而天下詐，成湯放桀而
> 天下平，殷紂承之而天下陂，文武治而幽厲散，文景寧而桓靈失，
> 斯則治亂相易，澆漓有由，興衰資乎人，得失在乎教。」〔註4〕

由於邦國興衰在於用人，所以王通尚賢，因為治亂得失在乎教化，故而王通
勤勉於著述立說與講學授業。儒家的教育也就是《六經》之教化，而王通的
教育觀中雖談《六經》，但更強調的是教導人民對於禮樂之制的實際履踐，王
通一方面相當重視教化，另一方面也非常關注百姓的生活，因此勵行教育之
前他還提出了「富民而教之」的觀點，他這麼說道：「仁生於歉，義生於豐，

〔註2〕　〔隋〕王通撰、〔宋〕阮逸注：《中說》（臺北：臺灣中華書局，民國 68 年 2
　　　　月，臺三版，中華書局據明世德堂本校刊），卷三〈事君篇〉，頁4。
〔註3〕　同註2，卷五〈問易篇〉，頁2。
〔註4〕　同註2，卷九〈立命篇〉，頁4。

故富而教之斯易也。」〔註5〕此觀點荀子也曾經談過，荀子說道：「不富無以養民情，不教無以養民性。故家，五畝宅，百畝田，務其業而勿奪其時，所以富之也。立大學，設庠序，修六禮，明十教，所以道之也。」〔註6〕談到儒家教育，吾輩應當先有如此的認知：儒家式的教化是理性的道德教化，最適合的教化對象首推士階級的知識份子，不過這並非儒家教育的最終目標，儒家思想著重的是「有教無類」，儒家思想的作用一方面是要安頓生命，另一方面也適於指導人們的日常生活，是故儒家重視家庭之中親情倫常的聯繫與關係，也強調禮樂對於各階層的必要性。綜觀儒家思想所教人的便是對於道德的修養實踐，它不是感性的宗教式教育，而是理性的生活哲理，善運儒家的道德哲理近能安定家庭鄉里，遠則可擴展到政治上而達成治國、平天下的目標。雖有許多人認定儒家的思想教化過於理想，然則實際上儒家的教育方式卻是再踏實不過了！王通以最貼近人們生活的倫常與禮樂來做為施教之方向，藉此教化方針將儒家思想深植人心，並且期許自己能將周禮推廣於天下。

一、倫常禮教

儒家立教以仁義為根本，倫常與禮樂的教化其實也是出自於仁義。王通對於禮樂與倫常是非常重視的，並且藉此教化薰陶百姓。儒家思想除了是安頓生命的學說，它也是一門指導生活的哲理，人生在世，首先面對與接觸到的人就是父母、兄長，再則要面臨的就是婚後的夫妻關係，其實家庭生活、親子關係對於人格的養成極為重要，完整的家庭往往比較能塑造出健全的人格。孔門儒學是極為著重孝悌的，故在《論語》中可見孟懿問孝、子游問孝、子夏問孝等等，有子也這麼闡述道：「其為人也孝弟而好犯上者，鮮矣！不好犯上，而好作亂者，未之有也。君子務本，本立而道生。孝弟也者，其為仁之本與！」〔註7〕孟子對於道德仁義、良知良能更是直接從親情倫常之中領會，孟子這麼說道：「人之所不學而能者，其良能也。所不慮而知者，其良知也。孩提之童，無不知愛其親者，及其長也，無不知敬其兄也。親親，仁也。敬長，義也。無他，達之天下也。」〔註8〕由此觀之，儒家既然如此重視倫理

〔註5〕同前註。
〔註6〕〔清〕王先謙：《荀子集解》（臺北：藝文印書館，民國89年5月），卷一九〈大略篇〉第二七，頁9。
〔註7〕同註1，《論語》卷一〈學而〉第一，頁1。
〔註8〕同註1，《孟子》卷七〈盡心上〉，頁192。

與孝道，對於儒學有深刻領略的王通又何嘗不是如此呢？是故《中說》有載：

> 子游孔子之廟，出而歌曰：「大哉乎！君君臣臣、父父子子、兄兄弟
> 弟、夫夫婦婦，夫子之力也。其與太極合德，神道並行乎！」王孝
> 逸曰：「夫子之道，豈少是乎？」子曰：「子未三復白圭乎？天地生
> 我而不能鞠我，父母鞠我而不能成我。成我者，夫子也。道不啻天
> 地父母，通於夫子受罔極之恩。吾子汨彝倫乎！」孝逸再拜謝之，
> 終身不敢臧否。〔註9〕

> 賈瓊問君子之道。子曰：「必先恕乎！」曰：「敢問恕之說？」子曰：
> 「為人子者，以其父之心為心，為人弟者，以其兄之心為心，推而
> 達之於天下，斯可矣！」〔註10〕

> 楊玄感問孝。子曰：「始於事親，終於立身。」問忠。子曰：「孝立
> 則忠遂矣。」〔註11〕

> 賈瓊、薛收曰：「道不行，如之何？」子曰：「父母安之，兄弟愛之，
> 朋友信之，施於有政，道亦行矣！奚謂不行？」〔註12〕

王通在其教育觀中極為強調倫常關係，他要促使家庭秩序安定和諧，使「父
得其為父，子得其為子。」〔註13〕家庭秩序如此，擴展到社會秩序上，王
通則進一步主張禮教的效益。我們或許有疑惑？既然儒家思想的教育是以道
德仁義為根本，那為何還需要憑藉禮樂制度來施行教化呢？道德仁義與禮樂
制度其實是一體兩面的，只是許多人卻不明白這個道理，因此誤以為仁義是
內在道德思想，而禮樂僅僅是外在的儀式規矩，於是他們不免覺得這些外在
的儀式規矩對道德思想而言哪裡會是必要的，也因此他們對於儒家的禮樂教
化不免產生了疑慮，這種疑慮無論是孔子弟子，或者是王通的門徒都曾經有
過。對此疑慮，王通則強調禮教不可偏廢，先王之制不可逾越。《中說》載：

> 子見縗絰而哭不輟者，遂弔之，問喪期，曰五載矣。子泫然曰：「先
> 王之制不可越也。」〔註14〕

〔註9〕　同註2，卷一〈王道篇〉，頁5。
〔註10〕　同註2，卷二〈天地篇〉，頁2。
〔註11〕　同註2，卷四〈周公篇〉，頁7。
〔註12〕　同註2，卷六〈禮樂篇〉，頁1。
〔註13〕　同註2，卷一〈王道篇〉，頁4。
〔註14〕　同註2，卷五〈問易篇〉，頁4。

或曰：「君子仁而已矣，何用禮爲？」子曰：「不可行也。」或曰：「禮
豈爲我輩設哉？」子不答。既而謂薛收曰：「斯人也，旁行而不流矣，
安知教意哉？有若謂先王之道，斯爲美也。」〔註15〕

子曰：「冠禮廢，天下無成人矣。昏禮廢，天下無家道矣。喪禮廢，
天下遺其親矣。祭禮廢，天下忘其祖矣。嗚呼！吾未如之何也已矣。」
〔註16〕

王通闡揚禮樂教化的價值，並不是認爲禮樂之教更勝於道德仁義之教，其實
禮樂原本的涵義也就與道德倫常密不可分，禮樂的施行不就是一種對仁義的
體驗與履行嗎？所以王通強調君子該是終身不違禮制的，他並且主張先王之
制是不可逾越毀損，不過這種不可逾越毀損的禮制也絕非是強制而僵硬的規
矩，禮制之創造本因人之常情，當親人過世時，子女怎會不感念起父母那份
懷抱提攜之辛勞以及多年來的養育之恩呢？感懷悲痛之情定是自然地由衷而
發，故子女守喪以報父母恩德，但爲何強調守喪不過三年呢？這是由於先王
所制之禮適切中節，既不可以不及，也不適宜太過。因此我們怎麼可以武斷
地認爲禮制只是一種僵硬的制度呢？況且綜觀人們一生之中的大事，不外乎
就是這些喜、慶、婚、喪，成年有冠禮，賦與成年者該盡的責任，成年者在
父母之命、媒妁之言後而能締結兩姓之好，夫妻之間要能夫唱婦隨、相敬如
賓，共同侍奉長輩，並且生育教養後嗣以延續香火。那麼祭禮呢？吾輩之所
以祭祀祖先正是爲了提醒自己絕不可數典忘祖，就像我們飲水之時豈能不思
及源頭。儒家的禮制是如此貼近於人之常情，倘若把禮制當做是一項限制，
看成是拘束著我們的規矩制度，那實在是個令人匪夷所思的錯誤。王通極爲
重視儒家禮制，他對於先王之教是這麼說道：

　　仁義，其教之本乎！先王以是繼道德而興禮樂者也。〔註17〕

道德與禮樂的本質上即有共通性，哪裡是能完全獨立地把它們分割開來談的
呢？孔子明白地說過：「人而不仁，如禮何？人而不仁，如樂何？」〔註18〕又說
道：「禮云禮云！玉帛云乎哉？樂云樂云！鐘鼓云乎哉？」〔註19〕牟宗三先生則
謂：「禮樂，若徒自外部看，猶只是外在的虛文，然若通過倫常、性情，而至道

〔註15〕同註2，卷六〈禮樂篇〉，頁2。
〔註16〕同註2，卷六〈禮樂篇〉，頁3。
〔註17〕同註2，卷六〈禮樂篇〉，頁4。
〔註18〕同註1，《論語》卷二〈八佾〉第三，頁13。
〔註19〕同註1，《論語》卷九〈陽貨〉第一七，頁122。

德的心性之『德』，則不是虛文，而是實文，即一是皆『真實心』之流露。禮樂，若從其文制方面看，則可隨時斟酌損益，此可與民變革者，儒家之所以為儒家，不在死守這些文具。然由之所見之倫常、性情，及至道德的心性（此亦即禮樂之本），則不可與民變革，此是亙古之常道，定然之大經。」〔註20〕儒家所講的禮樂制度其實不僅僅是一種形式上的儀式規矩，每一種禮都是順乎人情且蘊含深刻意義的，男子行冠禮意味著已經成年，成年人就要有成年人的樣子，是故言行舉止必須莊重成熟，不可以再如孩童一般輕浮毛躁。成年人就要有成年人的擔當，所以行冠禮時要懂得感念雙親將自己含辛茹苦地養育成人，而自己則要在雙親年老體衰之時一肩扛起家務，這樣子的冠禮便是一種含有「負責任」與「孝敬」涵義的冠禮，它絕對不會是一種枯燥的禮制與儀式。至於禮樂之制當中的樂，「樂」是宗廟之聲、雅正之樂，並非是那種庸俗不堪的靡靡之音，而樂的作用在於陶冶人們的性情。禮樂的效益與道德仁義事實上是相輔相成的，也因此王通對於禮樂教化確實特別地重視。《中說》載：

> 子曰：「王道之駁久矣，《禮》、《樂》可以不正乎？大義之蕪甚矣，《詩》、《書》可以不續乎？」〔註21〕

> 凌敬問禮樂之本。子曰：「無邪。」凌敬退。子曰：「賢哉儒也，以禮樂為問。」〔註22〕

> 子曰：「禮，其皇極之門乎！聖人所以嚮明而節天下也。其得中道乎！故能辯上下、定民志。」〔註23〕

> 子居家，不暫舍周禮。門人問子。子曰：「先師以王道極是也。如有用我，則執此以往。通也宗周之介子，敢忘禮乎？」〔註24〕

對於冠禮之闡述，《禮記》載云：「凡人之所以為人者，禮義也。禮義之始，在於正容體，齊顏色，順辭令；容體正，顏色齊，辭令順，而後禮義備，以正君臣，親父子，和長幼；君臣正，父子親，長幼和，而後禮義立。故冠而后服備，服備而后容體正，顏色齊，辭令順。」〔註25〕各種禮儀的規範是用

〔註20〕 牟宗三：《政道與治道》（臺北：臺灣學生書局，民國85年4月增訂新版），頁27。

〔註21〕 同註2，卷二〈天地篇〉，頁4。

〔註22〕 同註2，卷四〈周公篇〉，頁4。

〔註23〕 同註17。

〔註24〕 同註2，卷八〈魏相篇〉，頁3。

〔註25〕 〔東漢〕鄭玄注、〔宋〕岳珂校：《禮記》（臺北：新興書局有限公司，民國64

來引導人們的言行舉措，就連冠冕、衣飾也是代表著禮，不明瞭其原意者看似繁瑣而誤以為約束，知曉其深意者便能明白它其實更是一種用來端正人們的儀容，以及指引人們領略綱常倫理，學習穩健莊重的教化方式。《中說》載：

> 楊素謂子曰：「甚矣，古之為衣冠裳履，何樸而非便也。」子曰：「先王法服不其深乎？為冠所以莊其首也，為履所以重其足也，衣裳襜如，劍珮鏘如，皆所以防其躁也。故曰儼然，人望而畏之。以此防民，猶有疾驅於道者。今捨之曰不便，是投魚於淵，實猿於木也。」〔註26〕

照理講，儒家思想的教化不單只限於士階級，儒家思想的道德理念是要有教無類地普及於各個階層，所以這當然就得包括君、士、農、工、商。可是問題在於：君主、貴族、朝官、文士知識水準較高，他們自然有辦法藉由研讀經籍文史來領略儒家的道德仁義。至於一般目不識丁的尋常百姓呢？他們又當如何來體認儒家思想呢？如此我們便不難明瞭，倘若只以經史等知識論做為儒家推廣教育之方式，終究還是有些局限性的。儒者倘若要使儒家思想更為普遍，甚至是期望能廣佈於社會的各個階層，那終究還是得兼顧道德知識論與道德實踐論，而如果就整個人口結構來講，禮樂制度所能夠拓展普及的程度與效能，畢竟還是遠比經籍文史強得多了。舉禮制為例，它同時包含了禮文與儀節兩個部份，熟識文字的知識份子可透過研讀禮文來了解禮制的意義，而不識文字者雖無法閱讀禮文，但他們仍然可以透過他人的教導，然後直接地履踐各類禮制儀節，並且在履踐這些禮制儀節的過程裡，進一步地領略禮樂制度背後的真實意義，這就是為什麼王通會如此強調禮樂教化的重要性。所以在王通的授課內容之中，他重視禮文的程度更勝於對那些文章史書的記誦，他之所以勸勉門徒研讀各類禮文，便是要教導他們習禮以端立自身，絕不可以一味地去媚俗而反倒揚棄了先王禮制，也絕不可因為絲毫地不便，就輕忽古禮或者漠視儀節。《中說》載：

> 子謂竇威曰：「既冠讀冠禮，將婚讀婚禮，居喪讀喪禮，既葬讀祭禮，朝廷讀賓禮，軍旅讀軍禮，故君子終身不違禮。」竇威曰：「仲尼言，不學禮，無以立，此之謂乎？」〔註27〕

　　年10月，相臺岳氏本），卷二○〈冠義〉第四三，頁1下。
〔註26〕同註2，卷四〈周公篇〉，頁5。
〔註27〕同註2，卷八〈魏相篇〉，頁5。

　　　　子述婚禮。賈瓊曰：「今皆亡，又焉用續？」子曰：「瓊，爾無輕禮，

　　　　無詔俗，姑存之可也。」〔註28〕

儒家《六經》之教化不宜偏廢，孔子說過：「入其國，其教可知也。其為人也，
溫柔敦厚，《詩》教也；疏通知遠，《書》教也；廣博易良，《樂》教也；絜靜精
微，《易》教也；恭儉莊敬，《禮》教也；屬辭比事，《春秋》教也。」〔註29〕
《六經》之教，誠然不應當惟獨偏重於《禮》、《樂》，但王通強調禮樂之教實際
上也不是落在「偏重」這層意思，他尤其著重禮樂之教，乃因其具備了易於施
行、拓展、普及等諸多特質，所以不單是知識份子可受禮樂教化，即便是目不
識丁之人也能從禮儀雅樂之中感通道德。樂的陶冶使人性情溫和，禮的教化讓
人儀態厚重，君子終其一生不敢違背禮制，君子如此地敬重先王之制並且恭謹
地去恪守遵循，這全是因為他們能深得禮制真實的意義，而不將它視為是死硬
刻板的禮儀規矩。君子對於禮儀的踐行，是心存正念毫無雜思地去感通領略，
所以他們的儀態形貌能夠端莊肅穆，他們能時時懷抱著虔敬誠意之心，靜靜地
感念先王制禮作樂的苦心，並且在行禮的姿態舉措當中領教禮樂的意義。君子
終身不敢違背禮制，試想：假使一個人在他漫長的一生當中皆不曾悖逆於禮制，
那將是何等難能可貴的境界，旁人又怎能說他不是一位彬彬有禮的君子呢？所
以當人們在領悟到禮制真諦的同時，實際上也等於是在體現道德了。《中說》載：

　　　　張玄素問禮。子曰：「直爾心，儼爾形，動思恭，靜思正。」問道。

　　　　子曰：「禮得而道存矣。」玄素出。子曰：「有心乎禮也。夫禮，有

　　　　竊之而成名者，況躬親哉？」〔註30〕

王通闡述禮的重要性，他強調只要人們懂得去感通禮制的真實意義，便不難
從中體會綱常道德，而王通對於婚嫁之禮的意義也談了不少，他認為階級貴
賤有別，故在鄉里民間中，平民不可逾越本份，一夫應當以婚配一妻為原則，
不應該去仿傚達官富豪們那樣娶進三妻四妾。另外，婚禮舉行之前不應該輕
忽聘禮。王通更教導人們選擇配偶時的考量是在於對方的操守品德，而不在
於對方的金銀財貨。《中說》載：

　　　　子曰：「婚娶而論財，夷虜之道也，君子不入其鄉。古者男女之族，

　　　　各擇德焉，不以財為禮。」子之族，婚嫁必具六禮，曰：「斯道也，

〔註28〕同前註。

〔註29〕同註25，卷一五〈經解〉第二六，頁1上。

〔註30〕同註24。

今亡矣，三綱之首不可廢，吾從古。」〔註31〕

子曰：「早婚少聘，教人以偷。妾媵無數，教人以亂。且貴賤有等，
一夫一妻，庶人之職也。」〔註32〕

對於婚嫁之禮，《禮記》載曰：「昏禮者，將合二姓之好，上以事宗廟，而下以繼後世也，故君子重之。」〔註33〕筆者以爲，王通所述這些關於嫁娶的觀念是極具價值的，男子著重聘禮表示著對未過門妻子的尊重，另一方面也是對岳父、岳母、姻親們的敬意，而聘禮講究的絕不在於金銀財物的多寡，只在於能盡一份眞實誠摯的心意。在古時候男子有三妻四妾是一種正常的現象，不過站在王通的立場卻是反對這種做法。此外，王通對於婚聘嫁娶之禮的觀感極爲清晰透徹，社會結構是由家庭爲單位組成的，家庭的安定和諧與否跟社會的治亂與否實際上是息息相通的，由此可知王通循循善誘地教化人們領略婚聘之禮，其實也是在引領人們履踐齊家之道。至於樂的方面，王通談道：「夫樂象成者也。象成莫大於形而流於聲，王化始終所可見也。」〔註34〕又曰：「靡靡樂也，作之邦國焉，不可以遊矣！」〔註35〕由是我們可以明曉，王通所謂的「樂」，是雅正之樂而不是媚俗的靡靡之音，雖然音樂沒有具體的形象，只可以意會而無法用語言文字傳達，然則治世所奏之音樂偏向典雅端正，亂世所奏之樂趨於輕浮淫邪，是故君子便可由所聞之音樂辨明邦國之治亂。王通強調道：「言聲而不及雅，是天下無樂也。」〔註36〕儒家始終以來極其重視著禮樂之制，誠然禮樂教化的效益近可維繫家庭倫理，遠能鞏固社會秩序，這也就是儒家如此著重禮樂教化的原因，王通自也是深得其意而不敢輕忽之。

二、教學相長

儒家思想的教育觀中極爲重視「教」與「學」的互動性，教是由上到下的指導，而學是由下至上的領受，教與學兩者同樣重要而且缺一不可。儒家的教化本就需要透過學習才能有所領略，早在孔子當時就不曾輕忽學習的功效，孔子這麼說道：「吾嘗終日不食，終夜不寢，以思，無益，不如學也。」

〔註31〕同註2，卷三〈事君篇〉，頁7。
〔註32〕同註2，卷八〈魏相篇〉，頁4。
〔註33〕同註25，卷二〇〈昏義〉第四四，頁2上。
〔註34〕同註13。
〔註35〕同註22。
〔註36〕同註2，卷一〈王道篇〉，頁3。

〔註37〕又說：「好仁不好學，其蔽也愚；好知不好學，其蔽也蕩；好信不好學，其蔽也賊；好直不好學，其蔽也絞；好勇不好學，其蔽也亂；好剛不好學，其蔽也狂。」〔註38〕對儒家教育觀而言，「學」的意義十分地重要，至荀子當時更直接以〈勸學〉爲篇，強調「學」在儒家學說當中的必要性。《荀子·勸學篇》載：「學不可以已。青，取之於藍，而青於藍；冰，水爲之，而寒於水。」〔註39〕爲學之道，貴在常有增進、日新月異，王通的教育觀之中，亦未敢漠視「學」的重要，他強調天底下未有不經過學習就能夠有所成就之人。《中說》載：

> 子曰：「居近識遠，處古知今，惟學矣乎！」〔註40〕

> 程元曰：「夫子之成也，吾儕慕道久矣，未嘗不充欲焉。游夫子之門者，未有問而不知，求而不給者也。《詩》云：實獲我心，蓋天啓之，非積學能致也。」子聞之，曰：「元，汝知乎哉？天下未有不學而成者也。」〔註41〕

王通除了強調「學」的重要性之外，另外還提出「問」、「對」以輔助「學」的效益，「問」、「對」本身就是一種教學上的互動，能加強學習的效能，增進學習之成果，最終藉由對儒學的修習實踐來樹立優良的道德人品。《中說》載：

> 文中子曰：「廣仁益智，莫善於問；乘事演道，莫善於對。」〔註42〕

施教者與受教者的關係密切，正所謂教學相長，倘若受教者不肯用心學習請益，單憑施教者的滿腔熱血惟恐還是沒辦法達到教育成功之目標，是故王通在以儒學教化門徒的同時，也不忘叮嚀弟子學習之重要性，然則在儒家學說的觀念之中，儒者所應當學習的對象並不是單指一般的知識，而該是與道德仁義相關範疇之學問。對於道德的修習不單是學識的充實，它更該是一種對於道德的修養實踐，這種君子之學必須是勤勉不懈怠的，必得是循規蹈矩絲毫不偏離正道的，此種「道德之學」就如同荀子所言：「倫類不通，仁義不一，不足謂善學。」〔註43〕再觀《中說》對於「學」之闡明：

〔註37〕同註1，《論語》卷八〈衛靈公〉第一五，頁110。

〔註38〕同註1，《論語》卷九〈陽貨〉第一七，頁121。

〔註39〕同註6，卷一〈勸學篇〉第一，頁1。

〔註40〕同註12。

〔註41〕同註2，卷六〈禮樂篇〉，頁6。

〔註42〕同註3。

〔註43〕同註6，卷一〈勸學篇〉第一，頁12。

　　學者，博誦云乎哉？必也貫乎道。文者，苟作云乎哉？必也濟乎義。
〔註44〕

　　君子之學進於道，小人之學進於利。〔註45〕

　　吾不仕，故成業；不動，故無悔；不廣求，故得；不雜學，故明。
〔註46〕

王通仕途不順暢，反倒成就了河汾道統的教育事業。對於諸多學說思想，王通不廣求、不雜學，他可謂是唯儒家思想是從。儒家的教育觀無論在孔孟來說，或是在王通來講，皆不是侷限於一種知識理論性質的學問，這情況就如同唐君毅先生所說：「中國文化開始即重實踐，孔子亦先求行道。及道不行，乃退而與弟子，刪詩書，訂禮樂，修春秋以教來世。是孔子之精神為全面文化之精神，而又求直接實現之於全面社會之精神。」〔註47〕王通教育的目標自然也是闡揚著這種偉大的精神，他的儒學教育既重視禮樂教化的作用，也相當看重學習與吸收的效能，他帶領弟子修習儒學之目的當然更在道德實踐以及對於高尚品格之培養，他鼓勵求教者勤奮努力地學習儒家思想，且對於道德的修習與實踐務必專一，而廣求與雜學非是王通所贊同的。王通闡揚儒學所盡的心力是不容抹煞的，在他的教學理念中不僅僅「教」得用心，更殷切地期盼求教者能在道德品格上「學」有所成，王通實在不愧稱為是一位偉大的教育家。

第二節　文史觀

一、論　文

　　王通對於南北朝當代的文學風氣是不苟同的，南北朝的文學特質是北朝樸實而南朝華麗輕綺，但南朝淫靡的文風卻主導整個時代的文學走向，一時之間蔚為風尚，王侯貴族、朝官文士莫不以雕琢文句、排比翰藻為競，當然這樣子的文學是外表豔麗華美而內容空虛無本的。單看文學這詞彙所包含的

〔註44〕同註 10。
〔註45〕同前註。
〔註46〕同註 32。
〔註47〕唐君毅：《中國文化之精神價值》（臺北：正中書局，民國 68 年 9 月修訂二版），
　　　　頁 55。

意義是廣義的，以文詞章句所表現出的任何形式、內容、思想的文體都不宜排斥在文學之外，而以文章中的內容思想來歸類的話，若從狹義的文學觀談起，卻是有明顯的分歧。中國自從周公、孔子以來，承受道德文化與禮樂典章制度的潛移默化，在道德思想的洗禮下，不少人已經將儒家的道德觀念深植於心中，這情況尤其表現在有機會受教育而飽讀詩書的那些知識份子身上。知識份子畢生的進路常在於朝官仕途，倘若一朝得勢能夠立於高位，那麼他們所寫作出來的文章詞句及其文中所示現的內容思想特質，對於整個時代環境是有示範跟引導作用的。南北朝的文學風氣與當時的歷史背景及政治環境息息相關，從西晉末年外族入侵中原，迫使漢族政權南遷而許多貴族與知識份子也跟著遠渡南下，這些貴族跟文士們的學識文采相較於文化低落的外族必然是更勝一籌的，伴隨著漢族貴族文士的南遷，於是南方的文學風氣蔚為主流，他們以華麗的文采為優勢在文壇上取得了絕對的領導地位。北方外族依恃著強勢武力鞏固著政權，南方漢族在北伐光復無望的情況下漸漸趨向偏安，除了政治軍事上是偏安的，文學風氣也逐漸地轉為委靡不振，專事於聲律技巧與詞藻的雕飾，而南朝的貴族文士們更是競相以此為風尚。王通身處於北朝，而北朝的文學風氣是比較質樸的，再加上王通對於儒學的尊崇，經由儒學道德理念及禮樂典章的影響，他實不認同南朝當時那種輕綺委靡，而內容思想卻空虛無本的文學風格，是故在《中說》當中也可見到王通對於南朝文士的嚴詞批評，如以下所載：

> 子謂文士之行可見。謝靈運小人哉，其文傲，君子則謹。沈休文小人哉，其文冶，君子則典。鮑照、江淹，古之狷者也，其文急以怨。吳筠、孔珪，古之狂者也，其文怪以怒。謝莊、王融，古之纖人也，其文碎。徐陵、庾信，古之夸人也，其文誕。或問孝緯兄弟。子曰：「鄙人也，其文淫。」或問湘東王兄弟。子曰：「貪人也，其文繁。謝朓，淺人也，其文捷。江摠，詭人也，其文虛。皆古之不利人也。」
> 子謂顏延之、王儉、任昉有君子之心焉，其文約以則。〔註48〕

對於文的釋義，孔子當時與後來所泛指的文學是不太一樣的，儒家所稱的文是專指詩書禮樂典章而言，例如就像子貢所說：「文猶質也，質猶文也。虎豹之鞟猶犬羊之鞟。」〔註49〕便是闡明記載禮樂典章的文詞，是要與禮樂制度

〔註48〕同註2，卷三〈事君篇〉，頁2～3。

〔註49〕同註1，《論語》卷六〈顏淵〉第一二，頁81。

的本質涵義相互牽繫，是同樣重要而不應該偏廢的。曾子也這麼說道：「君子以文會友，以友輔仁。」〔註50〕這裡所說的文當然不是指一般的文章詞藻，而是含有道德禮樂意義的文，君子也必是以這類型的文詞來結交朋友，因為以禮樂詞章行文者便是遵循禮制、具有道德修養的人，結交這種朋友就是結識益友，益友對於我們自身的仁德修養才會是有益無損的。不難想見，在這樣子的前提之下以文會友，其實亦是朋友之間以仁義、道德、禮制相互切磋砥礪，期望彼此的品格修養都能有所增進，對道德仁義的領略也能日積月累地更上一層。孔子則是說道：「弟子入則孝，出則悌，謹而信，汎愛眾，而親仁，行有餘力，則以學文。」〔註51〕從孔子勸勉弟子的話中看來，仁德孝悌的重要性更是遠勝過詩書術藝。儒家是一門闡釋及發揚道德思想的學說，對德性的重視自然是遠高過對於術藝的鑽研，甚至更當然是高過對於文句辭藻的駕馭。孔子對於道德與文采，雖然沒將二者相互衝突或對立起來，不過顯然已經有將二者判別開來的意味存在，因為對於儒家來講道德必須是先於章句文采的。儒家對於文采詞藻的看法，在孔孟之後的荀子倒是談過許多，雖然後世多將荀子視為儒家思想之歧出，但那指的是他化性起偽的性惡思想而言，至於他談論文章、文采的部份實也有精湛之處。荀子曾這麼說道：「古者先王分割而等異之也，故使或美，或惡，或厚，或薄，或佚樂，或劬勞，非特以為淫泰夸麗之聲，將以明仁之文、通仁之順也。故為之雕琢刻鏤、黼黻文章，使足以辨貴賤而已，不求其觀。」〔註52〕在荀子看來，文采的華美是在於讚頌德性，他說道：「誠美其德也，故為之雕琢刻鏤、黼黻文章以藩飾之，以養其德也。」〔註53〕荀子對文的闡述，也常將之與禮並稱，因此這樣子的文便是一種禮義之文，目的是用來教人們知曉禮制進而遵循禮制，他說道：「禮者，謹於治生死者也。生，人之始也；死，人之終也，終始俱善，人道畢矣。故君子敬始而慎終，終始如一，是君子之道，禮義之文也。」〔註54〕文詞的滋生推演本就不在於毫無目的使文章豔麗華美，早先文字語言單純是一種記錄方式，或者是為了讚頌厚德與制定禮文所生，如若文采綺麗太過，但思想內容卻是不知所云，這便是與文飾之用意及其初衷有所偏離違背，其實為文

〔註50〕同註1，《論語》卷六〈顏淵〉第一二，頁85～86。

〔註51〕同註1，《論語》卷一〈學而〉第一，頁2～3。

〔註52〕同註6，卷六〈富國篇〉第一〇，頁4。

〔註53〕同註6，卷六〈富國篇〉第一〇，頁5。

〔註54〕同註6，卷一三〈禮論篇〉第一九，頁9。

者應當先了解荀子所謂「故其立文飾也，不至於窕冶」〔註55〕之道理。在儒家的角度看來，淫靡輕豔的文詞就是亂世的象徵，是故荀子語重心長地說道：「亂世之徵：其服組，其容婦，其俗淫，其志利，其行雜，其聲樂險，其文章匿而采，其養生無度，其送死瘠墨，賤禮義而貴勇力，貧則為盜，富則為賊。治世反是也。」〔註56〕要之，儒家的文學觀是質樸而非奇巧，是故王通當然無法苟同南朝的文學風氣。

　　文學、史學、哲學不分家，縱然它們是關係密切，然而彼此著重的部份畢竟還是有很大的區別。廣義的文學未必得涉及道德思想，所以它的內容可以是無所不包，由於它是一種創作，故其中自然可以沒有道德思想，沒有品評褒貶，就算是只被當做一種單純的娛樂也是無關痛癢。史學的文學卻不可如此，記載歷史不是創作，對於歷史事件的描述必須要詳盡準確，對於歷史人物或褒或貶也務必要客觀公道，史學的文學是為歷史而文學的。那麼哲學的文學又是什麼呢？哲學的文學是為思想而文學的，它著重的是發揚闡明某一種思想，就儒家而言指的就是道德思想。對於史學與哲學來說，它僅是借助文詞表情達意的功用來完成記錄或是樹立學說之目標，所以並不會也不需要把精神耗用在雕飾文藻上。雖然如此，哲學和文學就一定得相互衝突排斥嗎？荀子為何認為文章邪匿多采便是亂世的象徵？到了王通這時候又為何如此厭惡南朝文士所創作出的那種綺麗輕豔的文學作品呢？站在儒家的角度來看，文章學問是用來濟世救民，而不是用來創作娛樂的；是用來闡揚大道與記載說明禮樂典章制度，而不是用來比競文采與炫耀華美的。有志於發揚儒學的王通，他自然會以儒家的眼光來看待並批判這些南朝文士，他認為把時間精力都消耗在雕琢堆砌文采上，哪還有心思去全神貫注在一己的道德修養上呢？更別提有志於推己及人地去齊家、治國、平天下了。這類南朝所盛行的文學，更嚴重的不僅是不講述道德仁義，其書寫內容甚至還漸趨於豔麗煽情，另外還創立聲律以成為一種形式之侷限。雖然這種形式華美、內容空洞的文學，對國族民生只有百害而無一益，但卻由於南朝的政治環境中不乏淫奢無道的君主，這些君主是聽不進道德仁義而專好這類綺麗聲色之文，如此就培養出一群應詔為文、好名取寵而品性低劣的南朝文士，因而王通對於南朝文士乃至於整個文學風氣所提出的批評是極為公道的。南朝文風與儒家思

〔註55〕同註6，卷一三〈禮論篇〉第一九，頁12。
〔註56〕同註6，卷一四〈樂論篇〉第二〇，頁5。

想的悖逆以及對天下蒼生的弊害正如李諤上奏隋文帝時所說的那樣：「降及後代，風教漸落。魏之三祖，更尚文詞，忽君人之大道，好彫蟲之小藝。下之從上，有同影響，競騁文華，遂成風俗。江左齊、梁，其弊彌甚，貴賤賢愚，唯務吟詠。遂復遺理存異，尋虛逐微，競一韻之奇，爭一字之巧。連篇累牘，不出月露之形，積案盈箱，唯是風雲之狀。……故文筆日繁，其政日亂，良由棄大聖之軌模，構無用以爲用也。損本逐末，流遍華壤，遞相師祖，久而愈扇。」〔註57〕藉此我們更能知道王通批評南朝的文學風氣與文士，甚至還斥罵他們是小人，那絕對不是王通一己之偏見，而是站在儒家以道德救濟天下、關懷蒼生的角度上，不得不嚴厲地去批判這些南朝文士，他的目的在於導正這種偏差且有礙道德的文學現象。王通所贊許的文學，自當是古時候那種闡釋大道、言簡意賅的文章，或者是那種猶存有漢魏風骨，深厚典雅、真切感人的文章。據《中說》載：

> 子曰：「陳思王可謂達理者也，以天下讓，時人莫之知也。」子曰：
> 「君子哉，思王也，其文深以典。」〔註58〕

> 問文。子曰：「古之文也約以達，今之文也繁以塞。」〔註59〕

爲文的特點是在於深刻達理、莊重典雅，字詞奇巧雕琢而聲律繁瑣複雜就是害義之文，這是王通所難以苟同的，真正的文章該是要貫道濟義，是要對國族、社會、蒼生有助益的。惟有能夠抒發眞摯情感、能夠闡揚道德以安頓人心的文章，才是王通所認同的文，所以《中說》中有載：

> 子曰：「學者博誦云乎哉？必也貫乎道；文者苟作云乎哉？必也濟乎
> 義。」〔註60〕

在王通看來，六朝文士那些思想空洞無本，內容不涉及道德儒學的作品便通通是一種苟且之作罷了。王通雖然大力地批判南朝的文學風氣，卻由於自身未能樹立完備的文學理論來做爲指導方針，縱然他闡明了博學背誦必定得先貫通於道，而創作爲文者必定得合於仁義這樣子的思想，但後續畢竟沒有再進一步地多談，加上王通也沒有如唐宋古文八大家這樣，留下大量的文學創作以做爲後世習文者的範例，所以單憑王通的批評是無法打倒已然相當普及

〔註57〕 〔唐〕魏徵：《隋書》（臺北：臺灣商務印書館，民國57年9月，臺二板，《百衲本二十四史》），卷六六，列傳第三一〈李諤上高帝書〉，頁2下。

〔註58〕 同註2。

〔註59〕 同註2。

〔註60〕 同註10。

風尚的南朝文風，這的確是美中不足之處。不過在當時文風一面倒向那種綺麗華美、吟風弄月的情況下，王通非但沒有苟且地去追求迎合，反倒是嚴正地痛斥、批評了那些南朝文士，王通此舉對後世看待南朝文學風氣的態度，或多或少都還是有些啓迪與影響作用的。駱建人先生稱：「文中子際此文風因談貴玄，刻形鏤法，氣無奇類，體尚輕薄之時，感然憂之，於是述作多依經典，上承古樸之遺風，立言純於儒術，痛貶虛誕之文體，於李諤則有淬礪磋磨之崇功，於昌黎則隱有震盪影響之事實。」〔註61〕對於南朝文風的轉變，隋代的王通過後，繼之而起的唐代便有韓愈、柳宗元對於古文運動的提倡，主張文章必須要有載道的作用，不過由於文士們實在是積習難改，所以韓、柳當時也並未完全成功地扭轉世俗所崇尚那種華而不實的文學風氣，一直要等到宋朝歐陽修、曾鞏、蘇軾、蘇轍等人，他們因爲本身位居朝廷高位，又藉由文學集團的努力提倡與大量創作之下，才終於掃除那種綺麗淫靡、內容思想空虛無本的南朝文風。除了論及文之外，王通對於詩的觀點也是有所堅持的，如下列《中說》中所述：

> 李伯藥見子而論詩，子不答。伯藥退謂薛收曰：「吾上陳應、劉，下述沈、謝，分四聲八病，剛柔清濁，各有端序，音若塤箎，而夫子不應我，其未達歟？」薛收曰：「吾嘗聞夫子之論詩矣，上明三綱，下達五常，於是徵存亡，辯得失，故小人歌之以貢其俗，君子賦之以見其志，聖人采之以觀其變。今子營營馳騁乎末流，是夫子之所痛也。不答則有由矣。」〔註62〕

> 子謂《續詩》，可以諷，可以達，可以獨處，出則悌，入則孝，多見治亂之情。〔註63〕

> 子曰：「中國失道，四夷知之。」魏徵曰：「請聞其說。」子曰：「〈小雅〉盡廢，四夷交侵，斯中國失道也，非其說乎？」徵退謂薛收曰：「時可知矣。」薛收問曰：「今之民胡無詩？」子曰：「詩者，民之情性也，情性能亡乎？非民無詩，職詩者之罪也。」〔註64〕

> 文中子曰：「諸侯不貢詩，天子不采風，樂官不達雅，國史不明變，

〔註61〕駱建人：《文中子研究》（臺北：臺灣商務印書館，民國79年7月），頁122。
〔註62〕同註2，卷二〈天地篇〉，頁1～2。
〔註63〕同註2，卷二〈天地篇〉，頁7。
〔註64〕同註2，卷一○〈關朗篇〉，頁1。

嗚呼！斯則久矣。詩可以不續乎？」〔註65〕
王通所謂的詩，是作詩者自然而然從性情流露而出的，這樣的詩才有意志與
生命力，也才能讓讀詩者萌生共鳴。那些南朝文士講究聲韻刻意雕琢而出的
詩只是無病呻吟，當然是表現不出半點張力的。王通所重視的也絕不是南朝
那種宮體豔情之詩，何況這類型的詩受聲韻嚴格限制，用字遣詞皆得顧慮到
能否合韻，便是一種以辭害志的情況，這樣子的詩其實早已是僵化的了。孟
子這麼說道：「說詩者，不以文害辭，不以辭害志；以意逆志，是為得之。如
以辭而已矣。」〔註66〕另外詩必須有個很重要的作用，那就是能夠反映社會
現實，藉由地方鄉里之詩呈現風土民情，讓天子、朝官了解社會民生以及平
民百姓的日常生活與意志情感，如此一方面天子、朝官藉著讀詩而貼近百姓、
與民親近，另一方面也將使他們更能體恤民間疾苦，而不敢荒淫懈怠或是苟
且為政。王通注意到民間是有詩歌的，而這樣出自民間的詩是最真摯、最能
表現出民眾性情的，但為什麼這些詩歌卻未被重視與流傳，這都是在上位者
的罪過，是由於天子不再采風、諸侯不再貢詩所導致的後果。所以，王通才
得《續詩》，雖然他的《續詩》沒有流傳下來，不過從王通批評反對南朝的文
學風氣這情況上看來，我們不難推知王通所蒐采的詩並不是那些文士們刻意
創作的那種詩，而應該是口耳相傳於鄉里民間的詩歌，也就是那些小老百姓
們相互唱和、朗朗上口的民間詩歌。當然，這樣的詩歌是比較原始粗糙的，
不過卻是發自情感意志自然而生的，是故其價值反倒更勝過那些雕飾聲韻的
文人詩。王通《續詩》有一層用意存在，那就是能確實地反映社會現實，當
黎民百姓身處亂世有苦難言時便會作諷刺之詩表達哀怨痛苦，一旦政治清
明、國泰民安，君主朝官們用心為政、體恤百姓之時，人民因為感念在上位
者的恩德，認同在上位者的施政舉措，便會作讚頌之詩以褒揚他們的盛德。
逢遇至治之世儒學昌明的時候，黎民百姓深受儒家思想的教化，定能倫常關
係良好，如此父慈子孝、夫唱婦隨、兄友弟恭的家居生活也將呈現在詩歌當
中。孔子不也曾經說過：「《詩》可以興，可以觀，可以群，可以怨。邇之事
父，遠之事君。多識於鳥獸草木之名。」〔註67〕由此可見詩歌的重要性，無
論國族的興衰、天下的治亂都會真實地表現在這些民間詩歌當中，這類采自

〔註65〕同註2，卷五〈問易篇〉，頁8。
〔註66〕同註1，《孟子》卷五〈萬章上〉，頁131～132。
〔註67〕同註1，《論語》卷九〈陽貨〉第一七，頁121～122。

民間的詩歌是那些身處宮廷終日養尊處優的朝官文士們創作之詩所遠遠不及的。再者，儒家的經典《六經》之中雖已有《詩》，但經歷過時代的變動、歷史的推演，南北朝、隋朝時之風土民情豈會等同於春秋當時，王通有感於世局的變異，當時之詩歌也有不得不采的迫切性，故而有《續詩》之舉，吾輩應能體會王通為何要《續詩》以及《續詩》的價值所在，惟獨令後人惋惜的是王通的《續經》已經亡佚，這些詩歌也已成了遺珠之憾。

二、論　史

　　王通對於詩、文也好，或者是對於史書也好，他的態度都是一致的，那就是都必須遵循道德，除了詩、文要歸本於大道之外，史書也必得將儒家的道德仁義貫徹其中。司馬遷的《史記》與班固的《漢書》雖已是眾多史書當中最著名的兩部正史，《史記》是一部開創出紀傳體裁的通史，班固的《漢書》也是承襲自司馬遷的紀傳體裁而撰著成的一部斷代史，但是在王通的眼裡對這兩部史書卻不是相當滿意，他反倒還比較認同像荀悅、陳壽、范寧這些人撰著史籍的態度，所以這便需要透過王通的言談來領略其史學觀點。《中說》有記載：

> 文中子曰：「吾視遷固而下，述作何其紛紛乎！帝王之道，其暗而不明乎！天人之意，其否而不交乎！制理者參而不一乎！陳事者亂而無緒乎！」〔註68〕
>
> 子謂陳壽有志於史，依大義而削異端。謂范寧有志於《春秋》，微聖經而詰眾傳。子曰：「使陳壽不美於史，遷固之罪也。使范寧不盡美於《春秋》，歆向之罪也。」裴晞曰：「何謂也？」子曰：「史之失，自遷固始也，記繁而志寡。《春秋》之失，自歆向始也，棄經而任傳。」〔註69〕
>
> 子曰：「史傳興而經道廢矣，記注興而史道誣矣，是故惡夫異端者。」〔註70〕

王通認為司馬遷的《史記》混雜黃老思想，又紀傳人物時龍蛇混雜、優劣具陳。班固的《漢書》以《史記》紀傳體裁為楷模，而文詞修飾更甚。他認為

〔註68〕同註2，卷一〈王道篇〉，頁1～2。
〔註69〕同註2，卷二〈天地篇〉，頁6。
〔註70〕同註14。

司馬遷、班固所撰著的史書，雖然是廣泛地記載各類人物但卻不闡述聖賢教化之遠志。再觀劉歆、劉向對於《春秋》的態度，或偏好《穀梁》、或偏好《左氏》，各自侷限固守於一家，重視傳文的程度更勝於經文，不知權衡地通貫經文原意，所以惟獨陳壽撰史的言簡意賅、范寧解經的通曉大義才能符合王通的史學觀點。王通主要是站在經學與道德的角度來規範歷史，如此的史書是要本於道、宗於經的，因此王通重經道而輕史傳、重史道而輕記注，這是以經義為史、以道德為史的理念，實際上這便是以道德意志做為主宰的特殊歷史觀，而這樣子的史學觀當然是有著濃厚道德褒貶之意味。後世的史學是逐漸脫離宗經的態度，對於歷史事實、歷史人物盡可能客觀地描述，至於道德褒貶、是非對錯則較為隱諱。不論王通的史學觀或司馬遷、班固的紀傳體記史都是各有千秋的，實在很難去說誰優誰劣。以道德做為撰史前提，這種微言大義且寓有濃厚褒貶的史學觀，固然可以使亂臣賊子心生恐懼，不過撰史者本身卻必定得品格高尚，如此他的道德是非標準也才能符合公道，倘若撰史者自身的道德觀不足夠時，將不免有徇私撰史、混淆是非的可能性，與其如此，還不如要求撰史者依照歷史事件客觀描述呈現便可，至於道德的褒貶、是非對錯的評斷，撰史者也只須客觀陳述即可，毋須帶入太多自己的情感，因為當撰史者本身立場不夠超然之時，他所謂的道德判斷未必是合情合理的，故而倘若以宗經的主觀態度撰史，其客觀性也不免將被削弱許多。當然，王通不是不了解歷史記載時的客觀性，只是他的道德意識非常濃厚，是故對於文、詩、史的態度都是從儒家思想與道德層面來規範的，他曾將《尚書・洪範》中的九疇提出來講，九疇即是五行、五事、八政、五紀、皇極、三德、稽疑、庶徵、五福六極。〔註71〕九疇為君主以德治國之大法，由此就不難想見王通道德意識之濃厚。《中說》記載如下：

> 子謂史談，善述九流，知其不可廢，而知其各有弊也，安得長者之言哉？子曰：「通其變，天下無弊法；執其方，天下無善教。故曰：存乎其人。」子曰：「安得圓機之士，與之共言九流哉？安得皇極之主，與之共敘九疇哉？」〔註72〕

王通認為史書必得宗於大道，也就是像《經》這樣子地簡略明確、微言大義。

〔註71〕詳見〔漢〕孔安國傳、〔唐〕孔穎達疏：《尚書》（臺北：藝文印書館，民國68年3月，《十三經注疏》），卷一二〈洪範〉第六，頁3上～4下。
〔註72〕同註2，卷四〈周公篇〉，頁2。

再者，史書也要能注意時局而通權達變。記載史實、史事、歷史人物之時大舉地運用文詞翰藻來美化修飾，在王通看來根本就是不需要的，所以他站在這種「史以辯道、明變」的觀點對當時之史感慨地說道：

> 古之史也，辯道；今之史也，耀文。〔註73〕

> 諸侯不貢詩，天子不采風，樂官不達雅，國史不明變，嗚呼！斯則久矣。〔註74〕

史學的趨向與一部史書的好壞完全取決於撰史者的道德人品及態度，在上述之中王通對於陳壽與范寧是給予肯定的，除此之外荀悅記史的言詞簡約，並專注於制度之申明，也相當受到王通的稱許。至於晉惠帝以後，撰史者的品格低劣，述史時甚至還沾染夷俗詬罵之語，有違華夏雅正之道，這無非是讓王通所批評痛斥的劣史。《中說》載：

> 子謂荀悅，史乎！史乎！〔註75〕

> 子曰：「太熙之後，述史者幾乎罵矣，故君子沒稱焉。」〔註76〕

編年體的記史方式是按照時代先後來陳述，將歷史事件與人物置於年代之下，這樣的體裁不免會宛如流水帳一般地枯燥嚴肅；又或如《春秋》一般之言詞簡略，閱讀者若不知歷史事件的來龍去脈，單憑微言的確是難以通曉大義的，所以才不得不以傳來解釋經義，闡明歷史事件的始末，以加強讀者對歷史人物的了解。紀傳體史書改以人物為主軸，事實上是比編年體更具可讀性的，紀傳體能將歷史人物的生平事跡、作為、言行、功過等以文詞活躍於史中，這比起枯燥的編年體而言確實是生動活潑了許多。站在以文學為史學的角度來講，用紀傳體裁來撰寫歷史其實更優於其它體裁，不過王通卻不表贊同，由於王通是站在以經學為史學的角度來規範史書的，他認為史書得學習《春秋》那樣通達大義即可，言詞的運用可以盡其可能地簡約概略，對於道德仁義的闡述、禮樂典章的記載才是最重要的，所以無論記注或是史傳，都不是王通所認可的撰史之道，只有合乎於經道的史書才是王通所讚揚的史書。這種宗經的史學觀就如同章學誠一般，章氏雖無批評司馬遷《史記》之紀傳體裁，但卻認為體裁雖可採用紀傳，但撰史之精神卻必得取法於《尚書》，章學誠這麼說道：「斟酌古今之

〔註73〕同註2。
〔註74〕同註65。
〔註75〕同註2，卷三〈事君篇〉，頁2。
〔註76〕同註2，卷七〈述史篇〉，頁1。

史，而定文質之中，則師法《尚書》之意，而以遷《史》義例，通左氏之裁制焉，所以救紀傳之極弊，非好爲更張也。」〔註77〕王通雖未講明撰史原則是要師法《六經》當中的哪項特徵？但由他的語意當中卻也不難明白，王通有意取法《春秋》之中的微言大義，所以對於史學的態度也必然是取法此褒貶之義，也就是要能夠站在儒學道德仁義的觀點去撰著史書。

第三節　三教觀

　　王通儒學思想所面對的時代環境相當複雜，尤其在這種崇尚玄學、浸染佛理的南北朝時代中，王通要如何去看待佛、道兩家的思想學說？如何去重新定位儒家思想的價值意義？這都是以往的儒者尚未遭遇處理過的龐大議題。孔孟當時的時代背景雖是處於各國相互攻伐，各家學說思想爭鳴的情況，但此時的儒學在孔門弟子竭力闡揚之下尚可稱爲昌盛顯達，並未如魏晉南北朝那般衰微不振。兩漢時經學鼎盛，是儒家學說朝經學方向發展的黃金時期，政治環境上雖是儒法並治、王霸夾雜，但比較起暴虐無道的秦朝已經好得太多了。南北朝當時的儒學環境最爲窘困，外族入主中原而漢族南渡偏安，政治環境紛擾而社會動盪不安，文士隱遁山林專務空虛的玄談，或爲避世而投身於寺院之內，研讀經文，窮究奧妙的佛教義理。無論是道家或是佛教，他們皆無視於外在環境之動亂，只顧著尋求內在心靈的解脫，而以這種消極的心態跟思想來看待紛亂的時局，雖然其立說目的還是落在安頓生命的用意之中，但佛道兩家的消極立場畢竟與積極入世的儒家思想是有所衝擊的，南北朝當時佛老學說的盛行對於儒學的復興而言，畢竟還是一種極大的阻力。王通在闡揚儒家思想、竭力復興儒學的同時，他又是抱持著什麼樣的觀點去看待佛道兩家學說呢？他又是以何種方式去處理儒、釋、道三家思想的擦撞與衝突，這是很值得去分析探討的議題。首先我們必須清楚地瞭解到，站在儒家積極淑世與推己及人的立場，王通自然是不認同那些玄談家的作法，因爲他們漠視國族社會的動亂，以一副事不關己的姿態去隱居山林，終日無所事事地專務玄虛、放浪形骸，對於社會上叢生的弊端與諸多的紛擾更是冷眼以對，是故在王通看來他們早已經是麻木不仁了，他又怎麼可能去認同這些所

〔註77〕〔清〕章學誠：《文史通義》（臺北：世界書局，民國 45 年 2 月），卷一，內篇，〈書教下〉，頁 12。

謂的玄談名士呢？《中說》載：

> 子曰：「達人哉，山濤也，多可而少怪。」或曰：「王戎賢乎？」子
> 曰：「戎而賢，天下無不賢矣。」〔註78〕

> 溫彥博問：「嵇康、阮籍何人也？」子曰：「古之名理者，而不能窮
> 也。」曰：「何謂也？」子曰：「道不足而器有餘。」曰：「敢問道、
> 器？」子曰：「通變之謂道，執方之謂器。」曰：「劉伶何人也？」
> 子曰：「古之閉關人也。」曰：「可乎？」曰：「兼忘天下，不亦可乎？」
> 曰：「道足乎？」曰：「足則吾不知也。」〔註79〕

> 或問長生神仙之道。子曰：「仁義不修，孝悌不立，悉為長生？甚矣，
> 人之無厭也。」〔註80〕

王通並不稱許那些放浪形骸的魏晉名士，他們隱居山林不問世事，終日只顧
著空談玄理，追慕子虛烏有的神仙長生之術，這些人是不會去闡述儒家思想
的，甚至根本就是漠視儒家學說的價值，他們對於國族社會的處境早已經麻
木了，人民的未來將會如何似乎也與他們不相干，他們對待國族社會的態度
是消極、事不關己的，尤其是對於西晉初那些處在司馬家暴虐政權底下的名
士們，他們之中有些人原本還是想有所作為的，無奈政治環境黑暗兇殘，掌
權者對他們的迫害使他們無所施為，只能為了保全性命而退隱山林，雖然放
浪身形地故作逍遙，但實際上他們的生命仍是痛苦著、掙扎著，這樣子的名
士其實是情有可原的。不過後世的名士變質了，他們的生命並沒有受到挫折
苦痛，便有樣學樣地假裝成名士的姿態，他們只為標新立異、沽名釣譽，身
處在偏安的局面下而不思振作，只顧著空談那些不切實際的玄理，只想當那
不食人間煙火的神仙，這樣的名士當然是造作的，當然又比嵇康、阮籍等人
更難讓王通所諒解。牟宗三先生曾說道：「在那些名士的家庭中，家規、家風
仍然嚴格地遵守儒家的禮教。如是這裏就有個衝突……這些嚴格的家規、門
風所遵守的，只是外在的禮俗，並不是儒家禮教的精神，即只遵守了禮制的
文貌，而沒有禮制的精神，當時的時代精神是寄託于名士。這在根本上是個
衝突，是個生命的矛盾，但當時的情形就是如此。」〔註81〕王通發覺這些談

〔註78〕 同註2，卷三〈事君篇〉，頁3～4。
〔註79〕 同註2，卷四〈周公篇〉，頁1。
〔註80〕 同註41。
〔註81〕 牟宗三：《中國哲學十九講》（臺北：臺灣學生書局，民國72年10月），頁228。

玄慕仙的名士對國族社會的影響只會是負面的,所以非常擔憂地提出批評,深怕名士與玄理的氾濫終會使得道德難以彰顯而儒學無法闡揚。王通堅守儒家己立立人的立場而懷抱積極淑世的熱情,對於佛、道兩家思想那種消極避世的做法並不苟同,但王通卻不願嚴屬地批判抨擊佛道兩家學說,他憂慮儒者過度排斥佛道所挑起三教之間的惡鬥,這份顧忌絕非懼怕佛道兩家的力量,王通之所以會如此保守,實際上是不願意見到三教陷入相互攻訐的惡性循環中,如此一來不但沒有辦法將三教衝突的問題解決,反倒還會因為彼此間的惡意鬥爭殘害,而違背了三教思想皆是為安頓人類生命而創生的初衷,所以王通一方面反對三教惡鬥,另一方面還史無前例地提出了「三教可一」的說法。《中說》載:

> 程元曰:「三教何如?」子曰:「政惡多門久矣。」曰:「廢之何如?」
> 子曰:「非爾所及也。真君、建德之事適足推波助瀾,縱風止燎爾。」
> 〔註82〕

> 子讀《洪範讜義》,曰:「三教於是乎可一矣。」程元、魏徵進曰:「何
> 謂也?」子曰:「使民不倦。」〔註83〕

「三教可一」的意思所指的並不是「三教合一」,王通也從來沒有要將儒、道、佛混為一談或融合貫通在一起的意思,而三教合一也絕不是王通儒學的進路。那麼,王通為何非但沒有站在儒家的立場去批評佛、道兩家,卻反而要說三教可一呢?這個議題是很值得思索的,其實儒、道、佛三家的學說理念,縱使存有許多的差異性,但是三教之立說都始終離不開以安頓人類生命為目標,如果我們從這種角度切入,則三教對人們的用心與美意的確可視為一致的,我們也可以藉此觀點來理解王通儒學中所謂「三教可一」的思想。王通雖然有意阻遏三教間的攻訐與惡鬥,不過他絕無刻意融會三教的意味存在,《中說》裡頭更沒有援引佛道義理來闡釋儒家思想的情形,惟獨對於「靜」的領略或多或少已偏向了道家色彩,但這也不是肇始於王通的,早在荀子那時候儒家就已經有虛一而靜的修養工夫了,況且儒家思想不也相當講究「定、靜、安、慮、得」〔註84〕等修養進程。有一點我們還必須注意到,王通雖然說過「三教可一」,但畢竟他認定佛教思想是不適切於中國的,王通考量到中

〔註82〕 同註2,卷五〈問易篇〉,頁3。
〔註83〕 同前註。
〔註84〕 同註1,〈大學〉,頁1。

國與外來文化在政治環境和風土民情上的差異性，尤其佛教是出世性質的宗教，它本來就不可以運用在政治上而當成一種治術或者制度，所以雖不見王通嚴詞批評佛教，甚至還可見他稱讚佛就是西方的聖人，不過王通並不允許人們去迷信宗教佛理，更不贊成將外來的宗教學說移植到中國來闡釋運用。《中說》載：

> 或問佛。子曰：「聖人也。」曰：「其教如何？」曰：「西方之教也，
> 中國則泥，軒車不可以適越，冠冕不可以之胡，古之道也。」〔註85〕

綜觀南北朝至隋代時期，佛教在中國的地位可謂鼎盛，佛教義理對中國的傳統學術影響不小，最終甚至融合變爲中國文化的一部份，佛教的流傳對於社會層面的影響也很廣泛。在這樣的時代背景裡尤其令我們關切的是：王通看待佛教的態度，以及王通儒學思想與佛教的牽連。王通所處的隋代，隋文帝、隋煬帝兩代君主皆喜好佛教。楊堅幼時生長於佛教家庭中，早已奠定其信仰基礎。又北周武帝打擊佛教，造成僧侶不滿，楊堅攬權之後開放佛教信仰以博取民心，篡逆即位後對於佛教之弘揚與維護更是不遺餘力，他在位之初雖也頗尊儒術，但晚年對儒學的態度卻又輕忽淡薄掉了！文帝之後的煬帝在位時亦著重弘法與譯經事業，而他對儒學的態度實有意修正文帝晚年時的廢學之弊，然則煬帝奢華虛浮的矯情性格，好大喜功、勞苦蒼生的他終究是一名無道昏君。〔註86〕我們可知，在政治環境的支持下，隋代社會的奉佛風氣鼎盛，這股強大的佛教勢力並非是儒者有能力與之抗衡的，而王通對佛教所採取的態度也趨於溫婉柔和。另外：雖然王通儒學的發展重心並非擺在「援佛入儒」的方式上，不過以佛教在隋代普及的情況看來，許多佛教語彙也定當逐漸地口語化與通行化，所以就連尊孔崇儒的王通也曾經使用過佛家的詞彙。如《中說》載：

> 子曰：「氣爲上，形爲下，識都其中，而三才備矣。氣爲鬼，其天乎？
> 識爲神，其人乎？」〔註87〕

> （薛收）曰：「敢問三才之蘊？」子曰：「至哉乎問。夫天者統元氣
> 焉，非止蕩蕩蒼蒼之謂也。地者統元形焉，非止山川丘陵之謂也。

〔註85〕同註22。

〔註86〕參照藍吉富：《隋代佛教史述論》（臺北：臺灣商務印書館，民國82年10月二版），頁1～50。

〔註87〕同註2，卷九〈立命篇〉，頁5。

　　人者統元識焉，非止圓首方足之謂也。」〔註88〕

對此，藍吉富先生說道：「王通以『識』與『元識』爲精神之異名。這種用法，在前此儒家著作中，極爲罕見。『識』是佛學（尤其是法相唯識系）中的基本名詞。……可見王通之採用該一名詞以敘述其形上學思想，當係受到佛家義學的影響。」〔註89〕在王通的心態之中，他並不建議人們以儒家學說攻訐佛、道思想，他對於佛老所抱持的觀點是一種包容、客觀、成熟理性的態度，王通很能注意到歷史的現實與客觀環境的變遷，例如：眞君年間，後魏太武間毀佛；建德年間，後周武帝毀釋老二教。他們非但無法去消弭佛道勢力，還反倒使佛道兩教愈挫愈勇。事實證明了憑藉抨擊打壓的方式是絲毫無損於佛道兩家權威，因此王通相當地瞭解，儒家思想要能光復暢行，並不是藉由打倒別教來樹立自己，惟有對自身學說不斷地重整、鞏固、反思、活化、通達等等，這樣對於儒學思想而言才會是最確切的進路與作法。當然在王通的想法之中，並不可能去認同佛老思想以及那種消極避世的態度，只是王通力排佛老的方式與那些激烈份子是大相逕庭的，王通是非常理性、客觀地去看待三教議題，他認爲自己的職責是去復興儒學，而不是去扳倒佛道學說；他的使命是去闡揚儒家思想，以道德禮樂教化百姓，而不是帶領人們去抨擊佛老思想，引發三教之間永無止境的惡鬥。所以我們應該更能體會王通爲何要說「佛是西方之聖」？爲何要提出「三教於是乎可一矣」的說法？這便是在提醒儒者別只顧著走進那條攻訐佛老、三教惡鬥的歧途，而卻忽略了眼前那條顯達儒學思想的康莊大道。

　　對於王通的三教觀，王明欽先生曾指出：「在尊崇儒學的同時，對佛道二教加以扶持，以輔助儒學，也已成爲大勢所趨。王通就是在這種大的歷史背景下進行儒家思想變革的。……王通的《中說》雖是一本儒學著作，但是決非是純儒。……其實，王通思想中除了法家、佛家思想之外，道家思想幾乎俯拾皆是。他融合道家和儒家思想，以道補儒，在隋代儒家思想史中獨具特色，同時具有一定程度的開宋明理學先河的道家思想。……他站在儒學的立場上提出以儒學爲主體，以佛教、道教爲羽翼的『三教可一』思想，基本奠定了後代『以儒家爲主，以佛道爲輔』的格局。」〔註90〕另外又如常裕先生說道：「王通以儒學爲主，雜取佛教和道教思想，并提倡儒、釋、道『三教可

<hr>

〔註88〕同前註。
〔註89〕同註 86，頁 77。
〔註90〕王明欽：〈王通主體思想管窺〉，《史學月刊》第一一期（2005 年），頁 123。

一』……王通在讀《洪範讖義》時，受其影響，將中道思想應用在對待儒、佛、道的態度上，提出『三教可一』。王通『三教可一』思想，既爲宋明理學皆取佛道二教思想開了先河，也爲改造儒家學說指明了路徑。」〔註91〕上述各篇作者，他們未將《中說》內王通對於道家名士的觀感舉出來作爲例證，不明瞭實際上王通是很厭惡名士們對於天下動亂置身事外，以及對於民間疾苦袖手旁觀的避世態度。他們也未深究王通對於佛教的觀感，其實是認爲外來之教決不適用於中國。如此看來，王通又怎麼會前後矛盾地要去融會三教思想呢？況且在《中說》中王通並未大量地援引佛老語彙以闡釋儒家思想，是故後人若僅以一管之窺恐怕還是難以綜觀王通三教觀之全貌，若稱王通三教觀影響宋明理學的兼取佛、道，此說惟恐有待商榷。根據《中說》中王通對佛、道的態度，毋寧相信王通的儒學非但未雜染佛、道思想，反倒還欲意回歸先秦儒學之純粹，吾輩應知，王通儒學體系的重心並非援引佛老，而是對於儒家思想本身的活化與重整，正如尹協理、魏明二位先生所云：「佛教勢力迅速發展，大大地影響了儒家的傳統地位，並嚴重地影響經濟和財政。在這種形勢下，儒家便起而排斥、攻擊佛教。但是，由於儒家思想沒有出現重大發展，還是西漢董仲舒天人感應和在天人感應的基礎上建立起來的讖緯迷信那一套陳舊的東西，缺乏生命力，因而在三教鬥爭中，往往不能戰勝它們。窮極思變，爲了在三教鬥爭中取勝，某些儒者便開始對儒學進行改造，從內部進行變革。他們試探著從佛、道二教中吸收一些思辯的內容和修養方法，來充實儒學，彌補儒學的缺陷。……建立新儒學的自覺嘗試開始於隋代，王通是突出的代表。」〔註92〕但筆者所注意到的是：一者、王通雖無意介入三教鬥爭，但不可以此說明他兼容佛老思想。二者、王通並不是透過佛道思想來充實儒家學說。至於運用「識」、「元識」等佛教語彙，則是顯現出佛教語彙已經在當時通行久遠，遂成爲眾所周知的常用語彙，倘若王通眞有意融合佛家思想，那麼《中說》中援引佛教詞彙的段落應該更多，比重也應該更大。另外，王通所說：「古者聖王在上，田里相距，雞犬相聞，人至老死不相往來，蓋自足也。是以至治之世，……蓋上無爲，下自足也。」〔註93〕乍看雖像是

〔註91〕常裕：〈淺論「河汾道統」說的影響〉，《中國哲學史》第三期（2005 年），頁15～19。

〔註92〕尹協理、魏明：《王通論》（北京：中國社會科學出版社，1984 年 12 月），頁103。

〔註93〕同註4。

道家的概念，實則王通是以儒家的道德、禮樂做為達成至治之世的方法，這
與道家那種崇尚自然、摒棄人為制度的態度畢竟還是迥然不同。當我們明白
這些原則後便不易混淆王通儒學中的三教觀點，也才不會曲解王通「三教可
一」思想之真義。至於「三教融合」雖不是王通的意圖，然則世界不是封閉
的，文化會互相交流，學術會相互影響，是故即便不肇始於王通，後世勢必
也將發生「三教融合」的情況。

第六章　王通思想在儒學發展史上的意義

第一節　復興儒家學說

　　從漢末、三國、南北朝，天下分化使得家國社稷動盪不安。在這種情勢當中，掌權者所關注的不再是儒家的仁義、王道。例如：在群雄並起逐鹿中原的三國時代中，曹操父子、劉備、孫權等掌權者所關注的問題，在於如何一統天下，他們所需求的人才，自然不太會是那些講究學問品德、遵循禮義操守的儒士們，而該是那些能夠馳騁沙場的武將，那些通曉兵法戰略的軍事能人，以及巧言縱橫的權謀之士等等。三國時代結束，又遭逢晉朝司馬政權的專制強斷，強調「民為貴，社稷次之，君為輕」〔註1〕的儒家思想，又不能為司馬政權所容，儒士依然不被重用，儒家於是益趨傾頹。當時情況正如《晉書》所載：

> 是其創基立本，異於先代者也。加以朝寡純德之人，鄉乏不貳之老，風俗淫僻，恥尚失所，學者以老莊為宗而黜《六經》，談者以虛蕩為辨而賤名檢，行身者以放濁為通而狹節信，進仕者以苟得為貴而鄙居正，當官者以望空為高而笑勤恪。〔註2〕

> 雖尊儒勸學，亟降於綸言，東序西膠，未聞於弦誦。明皇聰睿，雅愛流略，簡文玄嘿，敦悅丘墳，乃招集學徒，弘獎風烈，並時艱祚促，未能詳備。有晉始自中朝，迄於江左，莫不崇飾華競，祖述虛

〔註1〕　〔宋〕朱熹註：《四書集註》（臺南市：大孚書局有限公司，民國80年3月），《孟子》卷七〈盡心下〉，頁207。

〔註2〕　〔唐〕房玄齡等撰：《晉書》（臺北：臺灣商務印書館，民國57年9月，臺二板，《百衲本二十四史》），卷五〈孝愍帝紀〉，頁11上。

玄，擯闕裡之典經，習正始之餘論，指禮法為流俗，目縱誕以清高，遂使憲章弛廢，名教頹毀，五胡乘間而競逐，二京繼踵以淪胥，運極道消，可為長歎息者矣。〔註3〕

實則這也起因於知識份子在政治黑暗的壓迫下，轉而崇尚《老》、《莊》、玄談，消極地的從中尋求安身立命的寄託。南北朝時期胡族入主中原，漢人南渡偏安，此時天下更加動盪不安。北朝胡人文化低落，南朝又多昏庸無道、孱弱苟安的君主，他們非但無法北伐成功以光復故土，反倒是自相攻打篡立，故在東晉後又有宋、齊、梁、陳等朝。學術概況上：北朝胡人重佛，南朝風氣亦尚玄談、佛法，所以儒學在此一時期仍然持續地衰微下去。南朝君主如齊廢帝、梁武帝、陳後主等皆昏庸之輩，不知長進。後來的北朝雖有如同魏太宗、魏孝文帝等用心提倡儒學的君主，但北魏政權畢竟也只是曇花一現，所以在魏晉南北朝這個玄、佛當道的時期，無疑是傳統儒學的黯淡時代，當時天下紛亂、政治不清明，於儒術之影響，誠如錢穆先生所云：

> 兩漢官人，與察舉制相輔並行者，尚有學校與考試。東漢的累世經學，即為造成門閥之一因。但到門閥勢力一旦長成，學校與考試制度即不見重要，難於存在。漢末喪亂，天下分崩，學校自無存立之地。……中央的尊嚴已倒，王政轉移而為家教，自然高門子弟不願進國立的太學。國立太學的傳統教育為《六經》與禮樂，而當時名門世族的家庭風尚，是《莊》《老》與清談。《六經》禮樂本求致用，《莊》《老》清談則務於自娛。直到東晉成帝時，還有人以為江左寢安，請興學校。遂重立太學，徵求生徒。然當時士太夫多講《莊》《老》，看不起儒術，終於沒有人來理會。中央既無登用人才之權，如何再能鼓舞人心來受中央的教育？〔註4〕

佛教入中國，遠在東漢初年，或尚在其前。惟佛法之流佈，則直到漢末三國時代而盛。其時則多為小乘佛法之傳譯，高僧多屬外籍。東晉南渡，佛學乃影響及於中國之上層學術界，其時則僧人與名士互以清談玄言相傾倒。直到南朝，梁武帝信佛，而佛法遂盛極一時。以前的名士們，感世事無可為，遂由研玩《莊》《老》玄學而曲折崇

〔註3〕 同前註，卷九一，列傳第六一〈儒林傳〉，頁1上～2下。

〔註4〕 錢穆：《國史大綱》（臺北：臺灣商務印書館，民國84年7月三版），頁300～301。

信佛法。現在如梁武帝，則是大權在握，正可展布，卻由崇佛而致
世事敗壞。北方五胡君主，崇佛尤殷。最著者爲二石之於佛圖澄。
稍後至姚興迎鳩摩羅什，而北方佛法如日中天。〔註5〕

王通對於儒學的價值與貢獻，在南北朝至隋代的歷史背景下顯得尤其重要，
此如龔鵬程先生之析論：「歷史有特殊性，也有普遍性。……王通固然最眞切
深刻地代表了北朝儒學的精神與學術規模，可是他又不全然與北朝諸儒相
同，不乏獨行天壤、遙契古人的趣味。這也就是說，在王通的學問裡，含有
一些超越了時代的東西。這些東西，使得他在所有北朝儒者都被歷史遺忘以
後，還能熠熠發光。」〔註6〕誠然在此種紛擾動亂的時代背景下，綜觀魏晉南
北朝以來的文士，除卻王通，的確罕有如此致力於儒學之人，而這時代所流
傳於後世的諸多典籍中，也難再尋得第二部如《中說》般專談儒家思想、專
論王道德治的可貴作品。《中說》內所提及的非僅是儒家一貫的堅持：仁義、
道德、王道、禮樂等等，甚至擴展到文學觀點，率先對當代盛行綺麗靡爛的
文風有所批評。至其後才有唐朝韓愈、柳宗元，宋朝歐陽修、蘇軾、曾鞏等
人的古文運動。若稱韓、柳、歐陽等人的文學觀直接上承自王通，不免太過
武斷，但是王通的文學觀念對於後世古文運動的啓蒙卻也不無影響。在南北
朝至隋代這個官學頹廢、儒學未振的時局當中，王通對於儒家思想的復興自
是功不可沒。在朝野崇尚佛老的時代環境裡，王通與眾不同地唯「儒家學說」
是從，這正展現其學說思想之獨特價值。

王通對於光復傳統儒學的努力已如前面章節所述，他所架構出的儒學體
系雖說仍未龐大，然畢竟也已經頗具規模。如宋朝理學家朱熹對王通的某部
份批評實際上是不夠客觀公道的，他對於王通的作爲存有諸多質疑，甚至以
爲王通懷有「自聖之心」，然則他卻不明瞭王通的所作所爲絕非在於博取名
望。王通致力於儒學之目的，實際上便是有志於延續儒家道統，基於這種深
具意義的信念跟堅持，他對於儒學之復興及闡揚自然是當仁不讓。皮日休甚
至認爲王通是孔孟之後的道統繼承人，他這麼說道：「孟子疊踵孔聖而贊其
道，瓊乎千世，而可繼孟氏者，復何人哉？文中子王氏，諱通。」〔註7〕石介

〔註5〕　同前註，頁 360～362。

〔註6〕　龔鵬程：〈北朝最後的儒者——王通〉，《幼獅學誌》第二○卷第二期（民國 77
　　　　年 10 月），頁 82。

〔註7〕　〔唐〕皮日休：《唐皮日休文藪》（臺北：新文豐出版公司，民國 78 年 7 月，
　　　　《叢書集成續編》），卷四，頁 1 上。

也稱：「五百年一賢人生。孔子至孟子，孟子至揚子，揚子至文中子。」〔註8〕
而在《中說》中，王通也說道：

> 吾視千載已上，聖人在上者，未有若周公焉，其道則一而經制大備，
> 後之為政，有所持循；吾視千載而下，未有若仲尼焉，其道則一而
> 述作大明，後之修文者，有所折中矣。千載而下，有申周公之事者，
> 吾不得而見也；千載而下，有紹宣尼之業者，吾不得而讓也。〔註9〕

繼承儒家道統是當仁不讓之事，舉凡儒門後學自當有志一同地共襄盛舉，我
們並不能把這種作為看做是妄自尊大的行為，雖然我們不可謂王通的學問思
想誠如宋明理學家這般地規模龐大且各成體系，考究王通家學淵源，銅川六
代祖所遺留的著作也非赫赫有名，甚至還是已經亡佚無從考證的作品，再觀
王通師承也不是當代知名之經學家，倘若稱王通學貫古今、博覽群書或許有
誇大之處，但這裡我們必須思考的卻是：唯獨學富五車的學者才有資格來延
續道統嗎？答案恐怕是否定的。我們可知那些玄談家應該也有許多博學多
聞、飽讀詩書之士，那他們空有一身學問，對於社稷民生卻是冷眼旁觀，對
於政教得失與文化興亡更早已不聞不問，這樣子冷漠的隱士即使學問再淵
博，他也終究是無益於社會民生的避世之士。王通早亡，其儒學思想或仍有
不夠完善的可議之處，但就儒者濟世拯民的胸襟情懷而言，王通不遜於任何
當代的玄談名士或經學大家。王通這種志氣，有如《孟子》所提：

> 孟子去齊，充虞路問曰：「夫子若有不豫色然。前日虞聞諸夫子曰：
> 『君子不怨天，不尤人。』」曰：「彼一時，此一時也。五百年必有
> 王者興，其間必有名世者。由周而來，七百有餘歲矣；以其數則過
> 矣，以其時考之則可矣。夫天，未欲平治天下也，如欲平治天下，
> 當今之世，舍我其誰也？吾何為不豫哉？」〔註10〕

孟子有志於繼承聖人之業，歷經數個朝代後的王通，他也有志於周孔之業。
儒家這種一脈相承的道統觀，其實也就是儒家思想的文化傳承，誠如韓愈所
稱道：「堯以是傳之舜，舜以是傳之禹，禹以是傳之湯，湯以是傳之文武周公，
文武周公傳之孔子，孔子傳之孟軻；軻之死，不得其傳焉。荀與揚也，擇焉

〔註8〕 〔宋〕石介：《石徂徠集》（臺北：新文豐出版公司，民國74年3月，《叢書
　　　　集成新編》），卷上〈上趙先生書〉，頁8。

〔註9〕 〔隋〕王通撰、〔宋〕阮逸注：《中說》（臺北：臺灣中華書局，民國68年2
　　　　月，臺三版，中華書局據明世德堂本校刊），卷二〈天地篇〉，頁4～5。

〔註10〕 同註1，《孟子》卷二〈公孫丑下〉，頁62～63。

而不精，語焉而不詳。」〔註11〕繼承道統便是竭盡心力地以聖賢做爲自己效法之目標，以聖賢當作激勵自我的對象，並非是傲慢地認爲自己即是聖賢，更該說，這是儒者對自身的道德要求，是一種道德使命感，如《孟子》所載：

> 滕文公爲世子，將之楚，過宋而見孟子。孟子道性善，言必稱堯舜。
> 世子自楚反，復見孟子。孟子曰：「世子疑吾言乎？夫道一而已矣。
> 成覵謂齊景公曰：『彼丈夫也，我丈夫也，吾何畏彼哉？』顏淵曰：
> 『舜何人也？予何人也？有爲者亦若是。』」〔註12〕

顏淵的「舜何人也？予何人也？有爲者亦若是。」即是對於仁義道德勇於承擔與堅決的表現，若這種以天下爲己任、舍我其誰的使命感，這份欲繼承發揚儒學，進而安治天下之用心，被視爲是等同於後世所批評王通的「自聖之心」，那麼已無異於一併批評了孟子與顏淵。王通在南北朝如斯混亂不安、儒學衰頹的時代背景下，能挺身而出，以一己微薄之力，著述立說，講道河汾，此舉彌足可貴，卻遭受後世批評非議，譏文中子僭聖擬經、有自聖之心，使之蒙受不白之冤。例如：司馬光曾這麼說道：「余竊謂先王之《六經》，不可勝學也，而又奚續焉，續之庸能出其外乎？出則非經矣，苟無出而續之則贅矣，或曰：『彼商周以往，此漢魏以還也。』曰：『漢魏以還，遷固之徒，記之詳矣，奚待於續經？然後人知之，必也好大而欺愚乎，則必不愚者，孰肯從之哉？』」〔註13〕宋晁公武則稱：「今觀《中說》，其亦往往僭聖人，模擬竄竊，有深可怪笑者。」〔註14〕明薛敬軒斥王通有「自聖之心」，其稱：「聖人未嘗有自聖之心，後世儒者未有所至，即高自品置，如揚雄之《法言》，王通之續經，皆以孔子自擬者，二子非特不知聖人，亦不自知其爲何如人矣！」〔註15〕清章學誠則認爲非政典者，不得以經稱之，且儒者當自知經不可擬，他如此說道：

> 儒者僭經以擬六藝，妄也，六藝皆周公之政典，故立爲經。夫子之
> 聖非遜周公，而《論語篇》不稱經者，以其非政典也，佛老之書本
> 爲一家之言，非有綱紀政事，其徒欲尊其教，自以一家之言，尊之

〔註11〕〔唐〕韓愈：《昌黎先生集》（明初期刊黑口十三行本），卷一一〈原道〉。
〔註12〕同註1，《孟子》卷三〈滕文公上〉，頁64。
〔註13〕〔宋〕呂祖謙編：《宋文鑑》（臺北：世界書局，民國51年2月），卷一四九〈文中子補傳〉，頁22上。
〔註14〕〔宋〕晁公武：《郡齋讀書志》（臺北：廣文書局，民國56年12月），卷一〇，儒家類，頁18。
〔註15〕〔清〕張伯行輯：《廣近思錄》（清同治五年1866年福州正誼書院刊本），卷一四，頁13。

過於六經，無不可也。……河汾六籍，或謂好事者之緣飾；王通未
必遽如斯妄也，誠使果有其事，則《六經》奴婢之誚，猶未得其情
矣！奴婢未嘗不服勞於主人，王氏《六經》服勞於孔子者，又何在
乎？……儒者服習《六經》，而不知經之不可以擬，則淺之乎為儒者
矣！〔註16〕

「擬經」與「續經」的涵意並不等同，儒者知《六經》不可擬，而王通所為
也絕非擬經。王通既然講求因時制宜的權變之道，在政治觀點上，他對文化
意識的重視更甚於種族意識，故而有「帝北魏」思想。對於《六經》，亦是延
續傳承之意義遠超過模擬的意義，故其明言「續經」，不言「擬經」。放眼整
個魏晉南北朝，罕有如王通這般重視儒學之人，無論他續《六經》或是講學
河汾，乃至於有其門徒所記錄而成的《中說》流傳於世，皆足見王通對繼承
儒家道統的用心與其發揚儒家思想的遠志。然而無論是續經之舉，或是《中
說》此書，竟皆遭受後世非議，實則儒者不當以此怪罪王通，我們應該知曉
王通並不是僭聖狂妄之人。他「續經」之立意便是為了延續道統、宣揚儒學，
他絕非是那種詆毀儒學之徒。後世對王通的批評太過，恐失公道。誠然，明
白此理之人也絕非鮮少，例如宋陳亮即讚稱：

春秋，天子之事，聖人蓋有已不得已為者，戰國之禍慘矣，保民之論，
反本之策，君民輕重之分，仁義爵祿之辯，豈樂與聖人之異哉，此
孟子所以通《春秋》之用者也……故夫功用之淺深，三才之去就，
變故之相生，理數之相乘，其事有不可不載，其變有不可不備者，
往往汨於記注之書，天地之經，紛紛然不可復正，文中子始正之，
續經之作，孔氏之志也，世胡足以知之哉？〔註17〕

陳亮認為局勢動亂之時，儒者有不得已而為之事，孔子述作《春秋》即是如
此，王通「續經」以脫離經學注疏之風氣也是如此，王通所為便是繼承孔子
之志。王通《中說》所述的三才關係、時勢變故，都是不可或缺的部份，倘
若王通單以注疏經學的方式，惟恐難以顯示出這些嶄新的學說與思維。又如
石介對王通的讚揚，將之與周公、孔子、孟子、揚雄並列，他這麼說道：

〔註16〕〔清〕章學誠：《文史通義》（臺北：世界書局，民國45年2月），卷一，內
篇，〈經解下〉，頁20～21。
〔註17〕〔宋〕陳亮：《陳亮集》（臺北：鼎文書局，民國67年11月），卷一四〈類次
文中子引〉，頁169～170。

　　昔楊翰林欲以文章爲宗於天下，恍天下未盡信己之道，於是盲天下
之目，聾天下之耳，使天下人目盲，不見有周公、孔子、孟軻、揚
雄、文中子、吏部之道；使天下人耳聾，不聞有周公、孔子、孟軻、
揚雄、文中子、吏部之道。……周公、孔子、孟軻、揚雄、文中子、
吏部之道，堯、舜、禹、湯、文、武之道也，三才、九疇、五常之
道也。〔註18〕

石介是一位力排佛老思想，獨尊儒門道統的儒者，他稱許王通所闡發的三才
關係、九疇治術、五常之道。天、地、人的三才關係是儒家形而上的天命觀
點，所強調的是道德與天命的緊密聯繫。九疇是《尚書·洪範》所載「聖王」
爲政之方針，闡揚仁政德治的重要性。仁、義、禮、智、信的五常之道更是
儒家道德思想的重心。石介肯定王通思想特質，他並未非議王通擬經的作爲，
另外又如明朝心學家王陽明亦不怪罪王通，他認爲擬經爲後世儒者著述之
意，未可盡非：

　　愛問：「何以有擬經之失？」先生曰：「擬經恐未可盡非，且說後
世儒者著述之意，與擬經如何？」愛曰：「世儒著述，近名之意不
無，然期以明道，擬經純若爲名。」先生曰：「著述以明道，亦何
所效法？」曰：「孔子刪述《六經》，以明道也。」先生曰：「然則
擬經獨非效法孔子乎？」愛曰：「著述即於道有所發明，擬經似徒
擬其跡，恐於道無補。」先生曰：「……天下大亂，由虛文勝而實
行衰也，使道明於天下，則《六經》不必刪，刪述《六經》，孔子
不得已也……自秦漢以降，文又日盛，若欲盡去之，斷不能去，
只宜取法孔子，錄其近是者而表章之。則其諸怪悖之說，亦宜漸
漸自廢，不知文中子當時擬經之意如何？某切深有取於其事，以
爲聖人復起，不能易也。〔註19〕

王陽明指出儒者著述立說之用意本在於「明道」，他認爲即使擬經也未必是過
錯，孔子即是在大道不明的情況下才刪述《六經》，後儒著述之用意也是取法
聖賢闡明大道之心志，並不是肇因於一己之私，王陽明推論王通著述之動機
亦在於「明道」，既然如此實不應批評王通有「擬經僭聖」的居心。另外，明

〔註18〕同註8，卷下〈聖說中〉，頁74～75。
〔註19〕〔明〕王守仁：《陽明傳習錄》（臺北：世界書局，民國51年3月），卷一，
　　　　頁5～6。

崔銑於《中說考》自序中稱道：

> 中說之作也，何傳之難，而湮之易乎？知者寡，而罪之眾乎？由魏
> 晉以來，天其閉道也已矣，是故長玄虛而盛齋戒，競殺伐而攻譎詐，
> 言道則惟空寂，為文則飾藻麗，而王氏仲淹者出，獨師孔子，言宗
> 《論語》，述準《六經》，學修於近，治求其本，邦昌，則獻其謀；
> 邦欲亂，則退而懷之。秦漢而下，其罕若人之儔乎，罪之者曰：「僭
> 經也，儗孔子也。」夫學不師聖，將奚則焉，古不云乎？非先王之
> 法言不敢道，非先王之德行不敢行，法聖人而謂之非，何也？昔夫
> 子之時，墳典丘索，紛如也，詩且三千篇，列國之史叛經，四代之
> 禮樂兼學之，夫上古之治，朴而陋，不可復也，中古之治，文而驕，
> 不可由也，存其文質之中，不倔以倨，不華以偽，簡可習也，約弗
> 亂也，其諸夫子之《六經》耶。〔註20〕

崔銑考究魏晉以來的時代背景，他認為儒門大道閉塞已久，道家玄談與佛家
義理勃興，連同文學觀都是崇尚綺麗虛浮，其思想內容卻是空虛無本。崔銑
認為王通惟獨師法孔子，有振興儒學思想的實際作為，此舉是師法聖人而並
非所謂的僭越聖人。又如明焦竑稱讚王通動輒以孔子為師，見地甚高、志甚
大，焦竑於《焦氏筆乘》中稱：

> 文中子動以孔子為師，其見地甚高，志甚大，或以模擬太過病之，
> 非也，此如世人有所慕悅，則其舉止言動，不覺盡似之，以其精神
> 所注故也，不然詩祖李杜，文祖遷固，未有非之者，獨訾文中子之
> 法孔子乎？〔註21〕

焦竑指出世人對其仰慕的對象，在於舉止言動之間會不自覺地倣效起來，而
王通對於孔子的師法也是如此，由於他精神專注在儒學思想上，故而著述立
說、聚眾講學，無一不是遵循著聖人之道，焦氏認為王通之舉是自然地發顯，
而不是一種刻意地僭越或模仿。高拱則以為續經縱未如經，王通續經之用意，
其原由實是尊崇仰慕聖人，非存有僭越之心，《本語》有云：

> 問王通續經，後儒貶之。然乎？曰：「孟子云服堯之服，誦堯之言，
> 行堯之行，是亦堯而已矣，續經縱未如經，亦是尊慕聖人竊比之意，

〔註20〕〔明〕崔銑：《中說考》（明正嘉間 1506～1566 年原刊本）

〔註21〕〔明〕焦竑：《焦氏筆乘》（臺北：臺灣商務印書館，民國 60 年 4 月），卷二，
頁 31。

人不學聖人，將奚學也，而安得遽譏為僭……朱子作綱目以續《春秋》，將亦謂僭乎？」曰：「伊川云：『續詩備六代，如晉宋魏齊周隋之詩，又何足采，然歟？曰變風變雅，言豈皆善，而孔子收之，用以見時事也，未苟用以見時事也，則雖晉宋魏齊周隋之詩采之有何不可？』」〔註22〕

誠然，一個時代有一個時代的政治課題、環境背景，南北朝至隋代的情況自然也迥異於春秋之時，「用以見時事也」此語甚妥，王通續經正能反映當時的時代議題，這是他復興儒學之志業中極為必要的一環，續經之舉無非是以儒學傳統做為根本，去思索尋求時代弊端的對治之道，以期望長治久安的太平天下。王通尊孔崇聖之心實是無庸置疑，之所以續經，其意不在自聖，只為淑世而已。我們應當體認，王通見識獨到之處在於能夠重視時代議題，孟子不也讚許孔子為聖之時者，〔註23〕王通續經之意亦在於查時知變。他能因時應變，何過之有呢？實乃後世不知其情，貶抑太過也。對此些譏斥王通僭聖擬經的言論，駱建人先生則反駁道：「此亦小諒小節之言，苟以此瑣瑣非難，則夫子口揭五孝之旨，則云：『非先王之法服不敢服，非先王之法言不敢言，非先王之德行不敢行。』……況續經皆亡，固不易評，《中說》之書，後學所記，或狂或狷，亦唯識大識小之有別耳。不得遽罪文中一身也。況及夫子之身，中庸之德，已久不見之矣！後儒獨不見文中子見道之大，與夫弘道之功，而獨斷斷然訐其小者，寧不怪哉？」〔註24〕綜觀歷史的大時代、大環境，上溯至春秋戰國時紛紛之亂局，儒、墨在當時並稱顯學。兩漢之時在大一統的情況下尊儒術，是故經學顯達、儒術未衰。漢室傾頹後天下三分於魏、蜀、吳，戰禍頻傳，天下何其紛紛擾擾，乃至於晉朝司馬政權囂張跋扈，暴虐無道地殘害異己之輩，文士在失望之餘，或好玄、或歸佛，或遁入空門落髮而為僧尼，放浪形骸寄情於山水者也不在少數。外族入侵，天下二分為南北朝，北方胡人政權文化素質低落，幸而北魏有好儒之心、仁德之治，文中子對此一嶄新的氣象本有期盼，可惜北魏政權未盡全功而再分裂為北周、北齊。南朝江左雖是華夏之後，然而偏安怠惰不求進取，好玄崇佛之情況竟遠勝過對

〔註22〕〔明〕高拱：《本語》（臺北：藝文印書館，民國 57 年，《原刻景印百部叢書集成初編》），卷二，頁 13。

〔註23〕同註1，《孟子》卷五〈萬章下〉，頁 142。

〔註24〕駱建人：《文中子研究》（臺北：臺灣商務印書館，民國 79 年 7 月），頁 19。

儒學之用心，連帶文風綺麗淫靡，豈不令有志之士痛心疾首。隋代雖統一天
下，然而隋文帝尤其喜好佛教，至其晚年之時竟荒廢了儒術。隋煬帝則是一
名勞民傷財的昏君，他非但治國無方，爲人又好大喜功。在此紛亂的世局下，
正應該如陳亮所言：「其事有不可不載，其變有不可不備者」。〔註 25〕王通續
經豈是僭聖好名，實乃不得已而爲之，誠爲當仁不讓之義舉。其後儒者卻自
相攻伐同爲儒門的王通，他們不斥道、佛二家稱經爲詩，卻反倒批評王通續
經爲詩，故此輩之語實屬不當之論。此外，又有批評文中子爲隋文帝陳〈十
二策〉一事的言論，如宋理學家朱熹、明胡敬齋皆曾批評過此事：

> （王通）一見隋文而陳〈十二策〉，則既不自量其力之不足以爲伊周，
> 又不知其君之不可以湯武，且不待是招而往，不待其問而告，則又
> 輕其道以求售焉。〔註 26〕

> 隋文帝篡國弒君，王仲淹獻〈太平策〉，可謂不知人，篡弒之人，其
> 身犯大逆，若北面以臣之，即逆黨也，稍知義理者不爲也，且古之
> 仕者，皆欲行道以濟斯民，篡弒之人，其身不正，不可以君天下，
> 又可與之行道乎？〔註27〕

對此，駱建人先生反駁道：「後儒譏其爲隋文陳策，爲自不量力之行，此蓋
偏執之見，昧儒者學以致用之旨，可行則行，可止則止，夫子不亦曾干衛君，
訪齊楚乎？矧隋文初亦爲勤樸求治，定亂一尊之主耶。」〔註 28〕試想那些
有淑世用心的儒者們，他們除卻能獨善其身以外，更希冀能夠推己及人地兼
善天下，並期待兼顧著內聖外王之道，憑藉儒術督促那些掌握政治權柄之在
位者，使他們能夠勵精圖治，以不忍人之心行不忍人之政，最終達到長治久
安之成效。筆者又以爲：不同的時代背景下，定有迥異的時代議題，春秋時
代的《六經》當然有放諸四海皆準的普遍性道德指標，然而，時代在變動、
政局在變動，自然會萌生新的時代議題出來，文中子既知權變之道，定覺不
能再以一成不變之書，來因應萬變多端的世局。是故，無論續《六經》或是
向隋文帝陳〈十二策〉，王通之舉乃以平治天下之用心爲前提，而非好名僭

〔註25〕 同註 17，頁 170。
〔註26〕 〔宋〕朱熹：《朱子文集》（臺北：新文豐出版公司，民國 74 年 3 月，《叢書
　　　　集成新編》），卷一三〈王氏續經說〉，頁 468～469。
〔註27〕 〔宋〕胡居仁：《居業錄》（清同治五年 1866 年福州正誼書院刊本），卷四，
　　　　頁 4。
〔註28〕 同註 24，頁 17。

聖之輩，他曾自述道：「蓋有慕名而作者，吾不爲也。」〔註 29〕王通有淑世之心，關切的是國家治亂與否的問題，及黎民百姓的遭遇處境，爲了期盼在上位者能開拓出長治久安的新局面，故而向隋文帝陳〈十二策〉，怎可說是王通之罪過。至於隋文帝篡國之舉，若前朝有道，則天下擁戴稱頌唯恐不及，又豈敢傷其毫髮，又如商湯放桀、武王伐紂，不都是順天應人之舉。若辨析北周靜帝當時的政治環境，胡人統治的時代已近末路，大權早已旁落，北朝漢人勢力也逐漸地恢復，是故在南朝陳後主軟弱偏安，北周宣帝無道、靜帝年幼無能的歷史背景下，隋文帝楊堅取而代之，進而終止南北朝長期分治的局勢統一天下，這也是必然的趨勢。況且在君主專制的政治體制下，改朝換代、江山易手也確實是常有的事，若單憑此點便全盤否定隋文帝，未免太過於武斷，隋初終結了南北朝長期分裂動亂的局面，在隋文帝的努力下，又有開皇之治，故相較於北朝的北周宣帝、靜帝，南朝的陳後主，隋文帝已經是一位懂得體恤百姓、用心朝政的君主了。至於考慮到君主私德的問題，唐初之時的玄武門之變，〔註 30〕那豈不更是兄弟鬩牆、違逆人倫之大事，然則太宗任用賢才、治國安民有方，猶開創出罕見的貞觀盛世。再舉宋朝爲例，宋朝自開國以來，極爲重視文士儒者、講求氣節，儒學在此時耳目也爲之一新、興盛昌隆，然則其開國君主宋太祖趙匡胤不也是篡位自立。或可推論，王通並非絲毫不在意帝王的私德，天下能否長治久安才是王通所更關切的問題，所以相較於君主是否能勵行王道、安頓百姓的主要訴求之下，對於君主私德的評斷則降爲次要了！倘使我們真要嚴詞批評隋文帝，那便該指責他晚年廢棄儒學之行徑。王通復興儒家思想的作爲尤其具有時代意義，而「續經」、「陳策」並不是以博取名望爲目的，那僅是顯揚儒學的必要方式。由於「政教得失」始終是王通所關切的議題，續《六經》以興教化、陳〈十二策〉以資政事，正證明了王通儒學思想務實致用的特色，至於他爲何決定要「續經」而不願「注經」，這固然牽涉到王通本身的家學淵源與師承關係，所以我們應該在對照當時整個大時代的學術風氣之後，再進一步地來探討王通儒學創生的環境背景。

〔註 29〕同註 9，卷二〈天地篇〉，頁 4。
〔註 30〕「唐高祖武德九年六月太宗以兵入玄武門，殺太子建成及齊王元吉。高祖大驚，乃以太宗爲皇太子。」參見〔宋〕歐陽修、宋祁等撰：《新唐書》（臺北：臺灣商務印書館，民國 57 年 9 月，臺二板，《百衲本二十四史》），本紀卷二，頁 3 上。

第二節 另闢儒學蹊徑

王通銅川六世先祖，傾力用心於儒術，他們所擔憂的是：天下治亂興衰與否？所關切的是：黎民蒼生安身立命的議題。儒家的王道文化正是孔孟所推崇的理想政局，也是王通先祖以至於他本人所堅持的爲政原則，然而在位者的輕忽怠慢卻使得王道無法付諸實踐，是故王通退而著述以志其道。王通先祖銅川六世的著述雖未傳世，但仍舊不難想見這一脈相承的家學當中，必然相當程度地反映出當時的世局與時代議題，而《時變論》、《五經決錄》、《政大論》、《政小論》、《皇極讜義》中所蘊涵的思想亦有可貴之處。王通具備豐富的學養，並對於復興儒學充滿竭誠，他以著述明道爲己身之志業，實則也一併承襲了銅川六世先祖的志業，所以王通本身的學問與著述也必當有其家學淵源，他也曾如此敘述道：

> 甚矣！王道難行也。吾家頃銅川六世矣，未嘗不篤於斯；然亦未嘗得宣其用，退而咸有述焉，則以志其道也。蓋先生之述曰：《時變論》六篇，其言化俗推移之理竭矣。江州府君之述曰：《五經決錄》五篇，其言聖賢製述之意備矣。晉陽穆公之述曰：《政大論》八篇，其言帝王之道著矣。同州府君之述曰：《政小論》八篇，其言王霸之業盡矣。安康獻公之述曰：《皇極讜義》九篇，其言三才之去就深矣。〔註31〕
>
> 吾欲修《元經》，稽諸史論不足徵也，吾得《皇極讜義》焉；吾欲續《詩》，考諸集記不足徵也，吾得《時變論》焉；吾欲續《書》，按諸載錄不足徵也，吾得《政大論》焉。〔註32〕

對於王通的學問思想，除可知其上承銅川六世家學之外，龔鵬程先生則更進一步把當時所謂的章句之儒與王通的學問特色做了比較，龔鵬程先生稱：

> 漢魏南北朝，主要是個詮釋整理經典的時代，經典、經典的權威解釋者，構成一緊密的環鎖。解釋者在講述經典之意義時，必須以言必有據、無徵不信的方式，引用權威注家的意見來表達我們對經典的看法，或分疏各家異同、甄明優劣是非。唐代因『章句繁雜、儒學多門』而編修《五經正義》，更強化了這個特性。不但以誰的注本爲標準有了規定，連義疏也有定本，非此即非『正義』。這是所謂章

〔註31〕同註9，卷一〈王道篇〉，頁1。
〔註32〕同前註。

　　句之儒的發展。……從漢至唐，〈儒林傳〉中就都是指這種經生、這
　　種章句之儒。〔註33〕

察照王通銅川六世先祖著作：《時變論》、《五經決錄》、《政大論》、《政小論》、《皇
極讜義》等書雖皆已亡佚，無法閱得原書之中的內容思想，但若見其書名，其
撰文成書，並非是直接承延傳統《六經》的注解義疏之作。若說王通家學傳統
有別於注解義疏一派，亦是切近於事實。王通本人的學問趨向更是相異於「章
句之儒」一路，故其寧爲「續經」之作，而不行「注疏」之舉。王通講學方式
以及與弟子的對談問答，更未侷限於各家對於解經與章句注疏的差別異同，反
倒是直承孔、孟一般的方式，與弟子議論時局、講仁說義，乃至於有《中說》
的一家之言流傳於後世。所以，迥異於「章句之儒」義疏、注解一路，亦可稱
是王通別具一格之特色及價值所在。龔鵬程先生又接著說道：

　　從唐朝中葉韓愈古文運動以後，宋代即有道學之說，史於儒林之外，
　　別立道學一傳。道學也是儒，然非經生，非章句之儒，而以申明孔
　　孟之道爲職志。這個傾向，在唐代中晚期即已非常明顯：韓、柳、
　　皮等皆特別指出聖賢傳道之要。……王通論孔子之道，不採經生進
　　路，自然應爲中唐諸人之先聲。〔註34〕

經生、章句之儒所走的路線即是「經學注疏」一途，唐代中葉以前的學術風
氣也仍然著重經學注疏，而唐代中葉以後這種風氣逐漸改變，至宋代改變情
況則更爲明顯，宋儒自由立說的情況實爲普遍，王通儒學思想之特質對此不
無啓迪之作用。

　　儒學與經學的關係雖然相當密切，然而廣義的儒學卻不當只侷限於經學
當中，孔子學術發展之路徑有二：一路是《六經》，此路即是經學。二路是《論
語》，此由孔門弟子與再傳弟子集錄成書，藉孔子講學及其與弟子間對話問答
的語錄體方式，《論語》闡揚著儒家道德思想，昭然若揭，其中思想切時精闢，
其意義亦絲毫不遜於《六經》之價值。《論語》早初並未稱作「經」，正如皮
錫瑞所說：「《論語》記孔子言而非孔子所作，出於弟子撰定，故亦但名爲傳；
漢人引《論語》多稱傳。」〔註35〕王通講學著述，續《六經》，慷慨有興儒學
之志、濟蒼生之心。河汾設教的儒學進路，一者：以《續經》而言是屬於前

〔註33〕　同註6，頁86。
〔註34〕　同前註。
〔註35〕　〔清〕皮錫瑞：《經學歷史》（臺北：藝文印書館，民國93年3月），頁59。

頭所述的《六經》一路，雖然內容迥異但卻仍不離宗經、崇經的原則與態度，然則王通的經學進路又不全然相同於傳統的兩漢經學，以及當世的南北朝及隋代經學，從王通「續經」的作爲研究其學說在學術史上的定位，是相當值得一談的議題。二者：《中說》的語錄體裁與成書方式與《論語》相類似，後世能藉由此書研究王通的儒學思想，所以《中說》的價值當歸屬於上述的《論語》此路。經學的發達不一定等於儒學的昌盛，時代所推行流傳的倘若只是一種僵化而流於形式的經學，那反而只可能成爲儒學的弊端，況且「經學不明，孔教不尊，非一朝一夕之故，其所由來者漸矣。」〔註36〕困圍於章句注疏的經學便是一種僵化的經學。歷史上，對應著春秋、戰國時代的終止，秦的一統天下，接續著楚漢的相爭，孔孟之後儒學、經學發展便陷落於「秦政晚謬，乃致燔燒；漢高宏規，未遑庠序」〔註37〕的窘局。其後，漢朝微言大義的經學有可觀之處，到了後漢之時走章句訓詁方向的經學盛行，久之竟流於形式而成爲弊病。皮錫瑞說道：「雖漢家制度，王霸雜用，未能盡行孔教；而通經致用，人才已爲後世之所莫逮。蓋孔子之以《六經》教萬世者，稍用其學，而效已著明如是矣。自漢以後，闇忽不章。其尊孔子，奉以虛名，不知其所以教萬世者安在；其崇經學，亦視爲故事，不實行其學以治世。」〔註38〕又稱：「漢治近古，實由於此。蓋其時公卿太夫士吏未有不通一藝者也。後世取士偏重文辭，不明經義；爲官專守律例，不引儒書。既不用經學，而徒存其名；且疑經學爲無用，而欲並去其實。」〔註39〕漢代以後，儒學衰微至此，怎不令人憂心歔欷，談儒說經者又往往不能實踐奉行，但中國哲學的特色正在於能夠將學問實踐履行，如同牟宗三所說：「希臘哲學是重知解的，中國哲學則是重實踐的。……從德性實踐的態度出發，是以自己的生命本身爲對象，絕不是如希臘哲人之以自己生命以外的自然爲對象，因此能對生命完全正視。」〔註40〕由此我們可知經學注疏的風氣勢必有變革的一天，有如王通的儒學就已不願再依循注疏《六經》之方向。王通講學河汾、續經撰述，都是對於道德學問的實踐履行，而非困於章句訓詁與比較經傳異同之中，他

〔註36〕同前註，頁11。
〔註37〕同前註，頁55。
〔註38〕同前註，頁10。
〔註39〕同前註，頁101。
〔註40〕牟宗三：《中國哲學的特質》（臺北：臺灣學生書局，民國83年8月再版），頁15。

有感南北朝以來世道如此紛亂，而立志發顯儒學並堅毅地篤行內聖外王之道，他雖身在鄉野卻心繫天下蒼生，是故對於朝廷的政教得失尤其關切，這誠是難能而可貴之舉。

　　經學有著重師法者，有著重家法者。師法、家法的區分則是如皮錫瑞所稱：「前漢重師法，後漢重家法。先有師法，而後能成一家之言。師法者，溯其源；家法者，衍其流也。」〔註41〕王通的經學進路兼容師法、家法，而續《六經》當中所承，家法所佔比例應更重於師法，故而頗易衍生出不同於以往經學路數之新流派。〈文中子世家〉云：「（王通）受《書》於東海李育，學《詩》於會稽夏琠，問《禮》於河東關子明，正《樂》於北平霍汲，考《易》於族父仲華。」〔註42〕此即是王通儒學所承之師法。銅川六世著作：《時變論》、《五經決錄》、《政大論》、《政小論》、《皇極讞義》等書，皆是王通儒學所承之家法。觀王通的儒學思想家學比例甚重，並且於時局、政治多有議論、傾力極深，其價值亦在於具有經世致用之涵意，這種儒學進路近似於明經致用而迥異於以往章句訓詁一路的經學體系。王通儒學思想，相較於先前那種濫觴於後漢章句訓詁的經學之習，已相當程度地脫離其窠臼。雖說王通為後世義理之學的先聲過為牽強武斷，但是可想而知，王通對於傳統經學風氣確實已經有所轉變。

　　隋朝終結南北朝的分治以後，在大一統的政治體系之下，學術復歸為一統，就經學而言，北朝未感染玄虛習性而較貼近漢代，南朝經學卻雜有玄談風氣。南北朝經學發展，正如《北史‧儒林傳序》所稱：「大抵南北所為章句，好尚互有不同。江左，《周易》則王輔嗣，《尚書》則孔安國，《左傳》則杜元凱。河洛，《左傳》則服子慎，《尚書》、《周易》則鄭康成。《詩》則並主於毛公，《禮》則同遵於鄭氏。」〔註43〕此又如皮錫瑞所言：

　　案南北學派，《北史》數言盡之。夫學出於一，則人知依歸；道紛於歧，則反致眩惑。鄭君生當漢末，未雜玄虛之習、偽撰之書，箋注流傳，完全無缺；欲治『漢學』，舍鄭莫由。……南學則尚王輔嗣之玄虛，孔安國之偽撰，杜元凱之臆解，此數家與鄭學枘鑿，亦與漢儒背

〔註41〕同註35，頁139。
〔註42〕同註9，卷一〇〈文中子世家〉，頁6。
〔註43〕〔唐〕李延壽：《北史》（臺北：臺灣商務印書館，民國57年9月，臺二板，《百衲本二十四史》），卷八一，列傳第六九〈儒林傳〉，頁8下。

馳。乃使涇、渭混流，薰、蕕同器，以致後世不得見鄭學之完全，並
不得存漢學之什一，豈非談空空、覈玄玄者階之厲乎！」〔註44〕
南北朝政權分立，南北的學術風氣也有所不同，關於隋朝統一南北朝分裂情勢
之後的經學發展，皮氏接著說道：「學術隨世運為轉移，亦不盡隨世運為轉移。
隋平陳而天下統一，南北之學亦歸統一，此隨世運為轉移者也；天下統一，南
并於北，而經學統一，北學反并於南，此不隨世運為轉移者也。」〔註45〕南北
朝統一後，經學進路竟是北并於南，故其後的義理之學難免雜揉了道家之玄虛、
佛家的奧妙。王通所處時代正介於以往章句經學流弊之末，與後世已染玄虛風
氣的義理之學未成之初，而展現出一種純粹獨特、質樸近古的儒學思想。經學
由章句訓詁轉變為義理之學，追溯其源正是皮氏所謂：「治經必宗漢學，而漢學
亦有辨。前漢今文說，專明大義微言；後漢雜古文，多詳章句訓詁。章句訓詁
不能盡饜學者之心。於是宋儒起而言義理。」〔註46〕王通儒學擺脫章句訓詁侷
限，有助於經學進路往義理之學方向發展，卻又未染義理之學所摻雜的玄虛風
氣，是故王通的儒學特質，雖是處於經學的轉捩點卻又不同於前、迥異於後，
確實是與眾不同的一家之言。較為可惜的是：能代表王通經學一路的續《六經》
早已亡佚，後世無從獲取文籍資料進一步研究探討其中思想。幸虧仍有《中說》
一書流傳於後世，其中保存著許多王通講學河汾的內容，以及王通與門徒弟子
間的對談問答，此書一定程度地表達著王通本人的學術思想。綜觀王通所處時
代背景：政局紛爭、戰禍頻傳、玄佛當道，由於王通本身未能顯達於朝廷，遂
而退居河汾著述講學，未久卻又早夭逝世，《中說》雖成書卻遭王氏後代附益而
引起非議，故其儒學思想未能顯於當世，及至唐末、宋代以來王通的儒學思想
才逐漸受到重視與讚揚。在政治紛亂、儒學衰微的時代環境裡，王通所欲振作
的是道德仁義，亦是對內聖的懇切企求；所欲光復的是王道文化，也就是對外
王的迫切期盼。王通處在如此動盪不安的時代環境中所欲復興的儒學，自然更
加著重在儒家思想中能夠對應於時代弊端的部分，所以《中說》多有王霸、帝
制之論辨，較以往經學注疏的學術風氣自然多有不同之處。在時局的變化與遷
移之下，王通所論之王霸、所言之帝制，實跟王通身處的時代背景息息相關，
也因此未必能夠完全等同於孔孟，而換個角度而言，在不曾背離儒家思想的大

〔註44〕同註35，頁179。
〔註45〕同註35，頁205。
〔註46〕同註35，頁85。

原則下，王通一方面盡力於復興傳統儒學，另一方面也闡發出自己獨特的思想。

王通的學說思想另闢蹊徑，意欲將儒學帶往不同於往昔的道路，加上他對於儒學的復興，對於道德修養的實踐履行，其作爲已是功不可沒，縱然王通不以經學注疏爲正宗，我們也決不應該憑此將王通學術隔閡於儒門之外。然而，隋、唐當時的大多數儒者並不怎麼崇尚王通學說，反倒要等到更後頭的宋代之時，王通之學才眞正受到儒者青睞，例如陳亮便極爲推崇王通，《宋史·陳亮傳》稱：「其學自孟子後惟推王通。」〔註47〕縱使後人對王通的看法並非全如陳亮這般推崇，甚至更有如朱熹這樣的大儒站在理學的角度上貶抑王通與《中說》，不過倘使以客觀的態度平心而論，在漢末直至隋朝整個大時代裡，儒學受到如怒濤排壑般的壓迫與打擊，傳統儒學思想的處境岌岌可危，在此儒家學說危急存亡之際，知識份子卻一面倒地非歸佛法即向玄理，王通卻能在此刻挺身與時代的主流風氣抗衡，試圖以改變、轉進的方式活化儒學，並在家學傳承中避免掉經學注疏的舊道路，若從理學的角度來看待，縱然王通未能符合朱熹的理想，但由整個儒家學術發展的大方向來看，我們卻不得因此否決王通復興儒學的用心與貢獻，更不可忽略或漠視《中說》此書之中王通所留下的思想精髓。從王通前幾代之家族歷史來說，並不是什麼聲名大噪的名門望族，再從王通的師承來講，李育、夏珙、關子明、霍汲、仲華等人，皆不是聲名遠播的經學大家，王通銅川六世家學所倡亦不得宜其用，縱使業經六世仍不得致其用，王通卻還是不願意一改作風地回過頭來走向經學義疏的舊道路，或許在王通的想法之中覺得去義疏經學是一種隨波逐流、與世浮沉的行爲，也或許整個銅川六世的家學淵源所授予王通的就是這類的獨特觀點。在南北朝至隋代的經學體系當中，王通竟然不歸屬於任何一派，而其所師的李育、夏珙、關子明、霍汲、仲華等人也不是當代知名的經學家，不著名的原因有可能是這些人的學問粗淺未成規模，沒有什麼爲人稱道之處。也有可能是在門第觀念盛行的時代裡，寒門的勢力渺小而人微言輕，這些人或許正屬此類，而仕與隱、遇與不遇的問題亦有可能主導著這些人的地位名聲。另外：當整個時代崇尚及喜好的是經學義疏的學術風氣之時，倘若有某一小部份的儒者，他們不但不去依附時代所崇尚的學術風氣，反而有意要走出自己的新道路，若在權勢有限與地位卑微的前提之下，這種不平之鳴的最終結果往往是消聲匿跡。畢竟這已經不是百家爭鳴的時代，

〔註47〕〔元〕脫脫：《宋史》（臺北：臺灣商務印書館，民國 57 年 9 月，臺二版，《百衲本二十四史》），卷四三六，列傳第一九五，儒林六，〈陳亮傳〉，頁 14 下。

在義疏風氣已根深柢固的學術環境裡頭,想要求這些專於義疏的經學家們去聆聽一種與自己完全迥異的聲音時,這實在是一件極爲困難的事,而若要得到整個學術風氣的包容與肯定,可以料想那又是一項何等難上加難的任務。但是我們仍須指出的是:王通所迥避的僅是注疏的學術路線而已,觀《中說》載:「時御史大夫杜淹謂仲父曰:『子聖賢之弟也,有異聞乎?』仲父曰:『凝忝同氣,昔亡兄講道河汾,亦嘗預於斯,然《六經》之外,無所聞也。』」〔註48〕此足見《六經》始終是王通授課的重心所在,我們當然也沒理由對王通的經學基礎提出質疑。所以,王通與當代的經學家同樣都宗經、崇經,然則王通卻不願跟隨他們走上經學注疏之路,這便是他與眾經學家迥異的獨特之處,也顯示著王通的儒學特質定將完全脫離經學注疏的學術風氣,逐漸拓展出一條嶄新的康莊大道。觀王通所處當時之經學風氣其來有自,正如馬宗霍所云:「漢人治經,以本經爲主,所爲傳注,皆以解經。至魏晉以來,則多以經注爲主,其所申駁,皆以明注。……至南北朝,則所執者更不能出漢魏晉諸家之外,但守一家之注而詮釋之,或旁引諸說而證明之,名爲經學,實即注學。」〔註49〕龔鵬程先生研究王通儒學特色之時,他就曾統整出北朝當時的經學系統,筆者援引如下所載:

> 北朝諸儒傳經,授受皆有系統,特別是元魏時期徐遵明,以《易》
> 傳盧景裕、崔瑾,景裕傳權會、郭茂,其後言《易》者多出於郭茂;
> 以《尚書》傳李周仁、張文敬、李鉉、權會;三禮傳李鉉、祖儁、
> 田元鳳,李鉉又傳刁柔、張買奴、劉畫、熊安生等,其後通禮者多
> 是熊安生門人。所以徐遵明這一系,是北朝經學之大宗。另一大宗,
> 則爲劉獻之。二派之外,則爲高允之左氏公羊毛詩,游肇之之周易
> 毛詩三禮,李彪之春秋三傳,邢虬之三禮鄭氏學等。王通家族之學,
> 本由江左遷來,不在這個系統之內;後來王通所問學的李育、夏琠、
> 霍汲等,也都不屬於北朝經學的「名門正派」。所以,以經學授受之
> 統緒,王通傳經,實乃北朝之偏統旁支,屬於教外別傳。〔註50〕

王通家學淵源之特色並不在於《六經》章句的注疏,其師承之人也非屬於當時的經學名家,這顯示出王通雖然宗《六經》,但他對經學所採取的態度卻有

〔註48〕 同註9,卷一○〈王氏家書雜錄〉,頁15。

〔註49〕 馬宗霍:《中國經學史》(臺北:臺灣商務印書館,民國57年10月臺二版),頁85。

〔註50〕 同註6,頁58。

別於其他經學名家，這樣的學術特色也與河汾道統的講學風氣有所關聯。

　　王通一派儒學思想也就是所謂的河汾道統，因其先祖王虯事北魏、家居河汾，其後至王通之父王隆當時，雖〈文中子世家〉稱說：「傳先生之業，教授門人千餘。」〔註51〕實有誇大之嫌，但猶可料想王隆當時的設教講學已經略具規模。倘若再追溯至王通六代祖王玄則，王玄則之父名為王秀，王秀生有兩子，長子王玄謨、次子王玄則，王玄謨以將略著稱，王玄則以儒術見長，可見兄弟二人學問路線殊異，甚至根本可說是南轅北轍。另有一點值得探究的是：後世提及王玄則，只道其善長「儒術」，卻不說他長於「經學」、長於「儒學」，或許強調「儒術」之用意，隱約地指出他的學術路徑與傳統經學有所差別，再者《時變論》一書是出自王玄則手筆，既然特別注重隨時應變，那麼他有意跳脫傳統注疏方式之經學體系，改以務實致用方向之儒術來應對世局時變，而王玄則這種因時制宜的構想也並非悖於常理，即便是不跟隨經學家的注疏路線，王氏六代仍執著地走出屬於自己的獨特道路，王通繼承的家學淵源以及所謂的河汾道統，大概也隱含著「儒術應對時變」之深刻意涵。因此，脫離經學注疏風氣的想法與作為，該是肇端於銅川六世之初祖的王玄則，經過王煥、王虯、王彥、王傑、王隆，至王通之時思想成熟並集六世之大成，河汾道統之特色也於是乎確立。〔註52〕王通儒學之所以無意向經學注疏方向邁進，實則有意將儒學引導至經世致用之標的。這便是一門講究務實效用的儒學，運用在政治教化上就是儒家治世弭亂之術，此趨向對後世學術風氣不無影響，龔鵬程說道：「中晚唐如劉禹錫皮日休等，如此推崇王通，逕以韓愈為王通的繼承者，以及宋人把王通納入道統中的行動，是不是也暗示了中唐以後新文化運動及宋代理學，與王通頗有關係？」〔註53〕龔先生之言仍不敢執絕對肯定的態度，這是由於我們的確沒有更確切的資料證明王通學說與新文化運動、宋代理學的直接關聯，但是我們可以很確定的一點是：脫離舊時代積習已深的學術風氣，雖未必能在短期內創生出嶄新的學術特質，但如果麻木苟且地安於舊學術的慣性裡頭而不思改變，如此就絕對沒有開創出新學術思想的可能性。我們該正視王通一派儒學的主要原因，是由於王通

〔註51〕同註9，卷一○〈文中子世家〉，頁5。
〔註52〕關於王通先祖、王通師承的學問路數，以及河汾講學的學術特質此方向的研究，龔鵬程先生有較詳細的探討，並能彰顯出王通學問與北朝儒學的差異性，而以往對王通思想研究相關之學位論文則較少從該方向深入剖析。引文參照註6。
〔註53〕同註6，頁83。

儒學正代表著這種學術風氣變革之肇端。觀《中說》所載：

> 劉炫見子談六經，唱其端，終日不竭。子曰：「何其多也！」炫曰：
> 「先儒異同，不可不述也」，子曰：「一以貫之可矣。爾以尼父爲多
> 學而識之耶？」炫退。子謂門人曰：「榮華其言，小成其道，難矣哉！」
> 〔註54〕

博誦強記、多學而識的習經方式並不是王通所認同的，王通講求的是致用的
務實之學，一味地困守於章句訓詁之異同對於政教得失是毫無幫助的，所以
對於經學修習的態度，他並不贊成如劉炫這般皓首窮經的作法。王通對於經
學是採取務實致用的態度，學術歸學術而不與政治教化相結合的話，便只會
是一種單純的理論，如此的學問無法發揮任何淑世弭亂的功效，而這樣的態
度只是會讓學問成爲紙上談兵罷了！以儒學來說，更是一種獨善其身的作
爲，也就是王通所認爲的「小成其道」。眞正的「大道」必須具備兼善天下的
胸襟，並且努力將儒家學問應用在政治教化之中，成爲一種具有實踐效力的
「儒術」，唯有以這般經世致用的態度闡述儒學才能對社稷民生有所裨益。日
人諸橋轍次先生曾說道：「學問的實用化，即努力於以經書的解釋匡救時勢。
宋儒經常感嘆漢唐的學問無益於經世之用。」〔註55〕王通對於儒學的想法，
正與宋儒同出一轍。這種無益於經世之用的學問，不單是存在於漢唐，在南
北朝與隋代當時也何嘗不是普遍現象，王通當時所面臨的主流派經學，大抵
也如宋儒口中所說「無益於經世之用」。我們應知，一個朝代的壽命或長或短，
國祚短者甚至只有數十年，然則一種學術風氣的延續與影響，卻常可以跨越
朝代綿延許久，經學注疏之風氣由來已久，馬宗霍先生說道：「至南北朝，則
所執者更不能出漢魏晉諸家之外……。南北朝崇佛教，敷座說法，本彼宗風，
從而效之。又有升座說經之例，初憑口耳之傳，繼有竹帛之著，而義疏成矣。」
〔註56〕因此我們可知這樣的「注學」風氣已經歷經數個朝代，它雖能蔚爲風
尚地以正宗姿態屹立不搖，但這種欠缺實際效益的風氣卻也逐漸地迫使儒學
僵硬，觀王通銅川六世家學不願助長此風，王通的儒家思想也著眼於經世致
用的觀念，這顯示著這種「注學」風氣在無益於經世之用的情況下，實已不

〔註54〕 同註9，卷四〈周公篇〉，頁4。
〔註55〕 〔日本〕安井小太郎等著、林慶彰等譯：《經學史》（臺北：萬卷樓圖書有限
　　　　 公司，民國85年10月），頁135。
〔註56〕 同註49，頁85～86。

能長久地穩處於儒家學術之頂峰。論及經世致用之學，其實在隋代前不久的北周之時，蘇綽建議國君依《周禮》制度處理行政，北周君主於是採納施行，這項制度也爲後來的隋、唐所沿用。料想王通倘若能被朝廷重用，也未嘗不能將儒術善加運用在政治教化上頭。論及文中子儒家思想及其在學術史上的意義，筆者以爲：王通一派儒學最主要的價值並不在於思想理論上的成就，因爲相較於宋明理學的成熟與完備，《中說》所建構的思想理論就不免淺顯許多了！宋明理學那樣子龐大的學術規模，也不是王通一派所能夠對等比擬的，所以王通儒學在學術史上最重要的意義是在於改變以往的學術風氣，其儒學特質意欲脫離以往經學注疏風氣的慣性。王通雖然未能直接開啓隋、唐儒學的思想脈絡，但對於宋儒喜好自由立說的學術風氣確實不無推波助瀾之效。再者，王通一派儒學那種務實致用的態度與趨勢，正好能夠滿足宋儒強調學問需有實用價值之訴求。

第三節　啓迪宋儒思想

王通學說在隋、唐之時並未受到大多數儒者的注意，但至唐末、宋初之時卻出現轉機，原因是務實致用的學術趨勢逐漸受到儒者的賞識，而經學注疏的風氣不再爲多數儒者所崇尚。宋朝當時文中子之學一度成爲眾所周知的顯學，由於王通講究政教得失與儒學思想的絕對關聯，將「儒術」落實於政治上頭而成爲一種道德的治術，他的立說動機誠然是善意的訴求，然而肯不肯以儒術治國的決定權則是在君主的手上，宋代開國風氣正以重文輕武、尊崇儒術、禮遇文士著稱，唯有在這種政治環境中，儒者才能夠好好地發揮所長，在君主的支持下以務實致用的儒學治國安民，這樣子煥然一新的政治空間與學術環境，正是提供儒者擺脫以往思路的良好契機，意欲平治天下的宋儒自會注意到迥異於經學注疏一路的學術，由此王通之學遂易成爲宋儒所認同的新指標。如將憂樂繫於天下的范仲淹、力排佛老思想的石介，他們都相當欽慕文中子的經世情懷。尤其是范仲淹以王通之字「仲淹」爲名，又以「希文」爲字，蓋有仰慕文中子之深意，其施政舉措落在以儒術爲治之出發點，更與王通儒學思想所重視的致用價值相互呼應。但是，眾多儒者之中對王通思想談得最多的卻是陳亮、朱熹二人，至於唐代的皮日休、司空圖、陸龜蒙，以及宋代的柳開、石介、司馬光等人雖有提及王通，但多偏重於對王通的評介，且寥寥數語未成規模，尤其對

於《中說》之儒學思想罕有申論。據朱熹所云：「太宗朝一時人多尚文中子……范文正雖有欲爲之志，然也粗，不精密，失照管處多。」〔註57〕足見范仲淹雖受王通思想之薰陶，但可惜他對於王通儒學思想之探究程度尚稱概略粗淺。所以由此推測，即便這些人對於王通儒學有所涉獵，也即可能是鑽研的過於淺顯。筆者在證據不足的情況下，不敢武斷地認定這些人的學問思想與王通儒學有直接地關聯。至於宋明理學家當中，程伊川、陸九淵、王陽明等人雖也曾提過文中子，但畢竟都談得太少。朱熹、陳亮兩人當中，陳亮較爲推崇王通，不過他直接談到文中子的部份未如朱熹之多，朱熹在《朱子語類》卷一三七之中，大抵都是在議論著王通與其學說思想。另外：朱熹、陳亮二人書信來往的爭辯之中，也不免涉及到王通的學說思想，我們將可藉此進一步研討王通、朱熹、陳亮三者之間學術思想之特徵。

一、朱 熹

朱熹對於王通的觀感，可以說是褒貶皆有、損益參半，就某方面而言他對王通有所非議，但畢竟也非一味地貶謫批評，仍有諸多稱許之語。朱熹說道：「他雖有不好處，也須有好處，故程先生言：『他雖則附會成書，其間極有格言，荀、揚道不到處。』豈可一向罵他。」〔註58〕朱熹認爲王通在漢魏之後的時代環境裡頭，畢竟已是不可多得的人才。朱熹稱道：

> 孟子說才，皆是指其資質可以爲善處。……退之論才之品有三，性之品有五，其說勝荀揚諸公多矣。說性之品，便以仁義禮智言之，此尤當理。說才之品，若如此推究，則有千百種之多，姑言其大概如此，正是氣質之說。但少一箇氣字耳。……如性習遠近之類，不以氣質言之不可，正是二程先生發出此理，濂溪論太極便有此意。漢魏以來，忽生文中子，已不多得。〔註59〕

朱熹知曉文中子之學著重治世之道，連范仲淹都欲以其爲己志，所以朱熹這麼說道：「太宗朝一時人多尚文中子，蓋見朝廷事不振，而文中子之書頗說治道故也，然不得其要。范文正雖有欲爲之志，然也粗，不精密，失照管處多。」

〔註57〕〔宋〕朱熹著、〔宋〕黎靖德編：《朱子語類》（臺北：文津出版社，民國 75年 12 月），卷一二九，本朝三，〈自國初至熙寧人物〉，頁 3085。

〔註58〕同註 57，卷一三七〈戰國漢唐諸子〉，頁 3266～3267。

〔註59〕同註 57，卷五九〈論《孟子》卷九·告子上·性無善無不善〉，頁 1384。

〔註60〕又讚道：「然王通比荀揚又夐別。王通極開爽，說得廣闊。緣它於事上講究得精，故於世變興亡，人情物態，更革沿襲，施爲作用，先後次第，都曉得；識得箇仁義禮樂都有用處。若用於世，必有可觀。」〔註61〕朱熹此句無非已經肯定王通學說在務實致用上的價值，他甚至還認爲王通的儒學思想在荀子、揚雄、韓愈等人之上，進而這麼說道：「只細看它書，便見他極有好處，非特荀揚道不到，雖韓退之也道不到。韓退之只曉得箇大綱，下面工夫都空虛，要做更無下手處，其作用處全疏，如何敢望王通！」〔註62〕又說：「文中子論時事及文史處儘有可觀。於文取陸機，史取東壽。曾將陸機文來看，也是平正。」〔註63〕從時變、文史等觀點來講，朱熹認爲王通闡述平正，至於朱熹貶抑王通儒學思想的部份，大致上可以從下列幾個方向來談論：

（一）批評自聖之心

朱熹批評王通，見諸下列數語：

> 只是小。它自知定學做孔子不得了，才見箇小家活子，便悅而趨之。譬如泰山之高，它不敢登；見箇小土堆子，便上去，只是小。〔註64〕

> 這人於作用都曉得，急欲見之於用，故便要做周公底事業，便去上書要興太平。及知時勢之不可爲，做周公事業不得，則急退而續《詩》《書》，續《玄經》，又要做孔子底事業。〔註65〕

> 王通也有好處，只是也無本原工夫，卻要將秦漢以下文飾做箇三代，他便自要比孔子，不知如何比得！他那斤兩輕重自定，你如何文飾得！如《續詩》、《續書》、《玄經》之作，盡要學箇孔子，重做一箇三代，如何做得！〔註66〕

> 文中子他當時要爲伊周事業；見道不行，急急地要做孔子。他要學伊周，其志甚不卑。但不能勝其好高自大欲速之心，反有所累。〔註67〕

〔註60〕同註57。
〔註61〕同註57，卷一三七〈戰國漢唐諸子〉，頁3256～3257。
〔註62〕同註57，卷一三七〈戰國漢唐諸子〉，頁3257。
〔註63〕同註57，卷一三七〈戰國漢唐諸子〉，頁3267。
〔註64〕同註57，卷一二三〈陳君舉〉，頁2962。
〔註65〕同註57，卷一三七〈戰國漢唐諸子〉，頁3255。
〔註66〕同註62。
〔註67〕同註63。

如以董常如顏子，則是以孔子自居。〔註68〕

朱熹對王通的批評，筆者以爲：人若有志爲聖賢，這是再難得不過的事了！尤其是身爲一位儒者，原本就應該以成爲聖賢爲最終的目標，即便是王通有志於成爲聖賢，這也絲毫沒有任何不妥之處，正如孔子所說道：「君子疾沒世而名不稱焉。」，〔註69〕何況王通並非喜好名望而去模仿聖人，他的動機更不是爲了一己之私，他自己也曾說道：「愛名尙利，小人哉！未見仁者而好名利者也。」，〔註70〕然而他在儒學衰微之際，懂得以蒼生爲念，是故以天下爲己任地挺身而出，懷抱著一份淑世的情懷與熱忱急著要將儒學復興，欲藉此上使政治清明、下讓黎民安康，只可惜王通在政治環境中卻未逢明主，於是他便又退隱起來聚集門徒，並且以儒家思想來講學授課。再觀王通的性格更不是那種激進好名之人，他曾對弟子說道：「好成者，敗之本也。願廣者，狹之道也。」當弟子問他說：「立功立言何如？」王通又回答道：「必也量力乎！」〔註71〕由此看來，王通哪裡會是一位自不量力且自以爲是孔子的儒者。至於《續經》之事，也不宜誤解爲王通自以爲是孔子，實際上這也是王通匡復儒學舉措中的一環，毋寧說朱熹的講法與批判過於嚴重了！再說若以南北朝至隋朝當時佛教、玄談盛行的情況來看，王通如果不儘速將傳統儒學思想的規模給壯大起來的話，周孔之學、仁義之道惟恐將永無翻身之日，所以王通維繫傳統儒學與闡揚道德思想的努力確實是值得讚賞的，由此我們不免認爲朱熹對於王通的貶抑實屬太過。

（二）非議心迹之判

對於王通將心迹二分，首先程伊川就不認同，他批評說：「又一件事，半截好，半截不好。……下半截卻云：『徵所問迹也，吾告汝者心也，心迹之判久矣。』便亂道。」〔註72〕程伊川、朱熹對於王通將心迹分判極不諒解，爲了進一步瞭解何謂心迹之判，以下先舉出《中說》所載：

魏徵曰：「聖人有憂乎？」子曰：「天下皆憂，吾獨得不憂乎？」問疑。子曰：「天下皆疑，吾獨得不疑乎？」徵退。子謂董常曰：「樂

〔註68〕同註57，卷一三七〈戰國漢唐諸子〉，頁3268。
〔註69〕同註1，《論語》卷八〈衛靈公〉第一五，頁109。
〔註70〕同註9，卷五〈問易篇〉，頁4。
〔註71〕同註9，卷四〈周公篇〉，頁6。
〔註72〕〔宋〕朱熹編：《二程先生遺書》（明刊本），卷一九，頁20。

天知命，吾何憂？窮理盡性，吾何疑？」常曰：「非告徵也。子亦二
言乎？」子曰：「徵所問者，迹也。吾告汝者，心也。心迹之判久矣。
吾獨得不二言乎？」常曰：「心迹固殊乎？」子曰：「自汝觀之則殊
也，而適造者不知其殊也，各云當而已矣。則夫二未違一也。」李
播聞而歎曰：「大哉乎！一也。天下皆歸焉而不覺也。」〔註73〕

對此心迹之判，朱熹批評道：

其心雖止得是，其迹則未在。心迹須令爲一，方可。豈有學聖人之
道，服非法之服，享非禮之祀者！程先生謂「文中子言心迹之判，
便是亂道」者，此也。〔註74〕

它說「何憂何疑」，也只是外面恁地，裡面卻不恁地。〔註75〕

蓋有當憂疑者，有不當憂疑者，然皆心也。文中子以爲有心迹之判，
故伊川非之。〔註76〕

大抵觀聖人之出處，須看他至誠懇切處及洒然無累處。文中子說：「天
下皆憂，吾獨得不憂：天下皆疑，吾獨得不疑。」又曰：「窮理盡性
吾何疑？樂天知命吾何憂？」此說是。〔註77〕

朱熹僅贊同王通「心迹之判」之中「心」的部份，認爲不當再多談「迹」，更不
應該將心迹分判。實際上王通所講的心迹既可分判，但最終卻可統一。懵懂之
初王通與天下人一般皆有所擔憂、有所疑惑，然而他在樂天知命、窮理盡性之
後，已然確定自己的道德意志，便終生以復興儒學爲志業，以感通天命與道德
實踐爲信念，如此則心靈飽滿無所缺憾，是故又將何憂何疑。就王通的意思來
看待，由「迹」至「心」之間，其實也就是從起初的懵懵懂懂直到曉得去追求
道德的一種心靈進階，這進階說得明白一點也就是超凡入聖的關鍵。何以心迹
可以統一呢？當人們一旦能樂天知命、窮理盡性，則已然確立道德主體之心性，
道德之心便能主宰人情之迹，這與王通所強調的「以性制情」實有異曲同工之
妙，如此心與迹、性與情皆可以同歸於道德地融合在一塊兒。程伊川、朱熹倘
若能從這個角度去領略，蓋不忍再如此嚴厲地斥責王通吧！

〔註73〕同註9，卷五〈問易篇〉，頁1。
〔註74〕同註57，卷一一六〈朱子一三・訓門人四〉，頁2803。
〔註75〕同註57，卷一三七〈戰國漢唐諸子〉，頁3270。
〔註76〕同前註。
〔註77〕同前註。

（三）難辨其書真偽

朱熹對於《中說》一書之真偽有所質疑，朱熹曾經這麼說道：

> 《中說》一書，固是後人假託，非王通自著。然畢竟是王通平生好
> 自誇大，續《詩》續《書》，紛紛述作，所以起後人假託之故。後世
> 子孫見它學周公孔子學不成，都冷淡了，故又取一時公卿大夫之顯
> 者，纘緝附會以成之。〔註78〕

> 渠極識世變，有好處，但太淺，決非當時全書。如說家世數人，史
> 中並無名。又，關朗事，與通年紀甚懸絕。〔註79〕

> 文中子之書，恐多是後人添入，真偽難見，然好處甚多。但一一似
> 聖人，恐不應恰限有許多事相湊得好。如見甚荷蕢隱者之類，不知
> 如何得恰限有這人。若道他都是粧點來，又恐粧點不得許多。〔註80〕

宋儒對於古籍的真實性常抱持質疑的態度，朱熹質疑《中說》此書真偽並非
不可，然卻不應過度否定《中說》的真實性，如若先入為主地認定《中說》
偽造的部份居多，那麼即便書中有再精闢的學說思想也都會先被打了折扣。
《中說》書中所載王通弟子此部份的確以後人所偽造附會的可能性居高，不
過書中各章節所載關於王通儒學之主體思想，其間卻沒有太多互為矛盾或是
無法貫通的情形，是故對於王通的儒學思想我們不當予以質疑與否定。料想
朱熹因為對《中說》此書的真實性採取不信任態度，也間接影響到他鑽研此
書之興致，這無非也影響到朱熹對於王通儒學思想的領略。

（四）質疑理體未明

宋儒之中喜好文中子學說者，有如：范仲淹、石介、陳亮等人，頗不認
同王通者則當首推理學大家——朱熹。我們知道朱熹當時宋代理學已趨於完
備，其規模之大、學問之廣博深厚，眾所周知理學的發展誠已是燦爛蓬勃，
自此儒學更朝著專精深遠的新方向邁進，這樣子的學術已經與先秦兩漢的儒
學不相類似，與經學注疏的風氣也不相謀合，更不可能與王通的儒學思想完
全等同。假使以如此嶄新的理學面貌來看待王通學說，似乎不免覺得王通儒
學思想已然略遜一籌，但筆者卻不認為這樣的比較是適當合理的，因為在時

〔註78〕同註57，卷一三七〈戰國漢唐諸子〉，頁3256。
〔註79〕同註57，卷一三七〈戰國漢唐諸子〉，頁3259。
〔註80〕同註57，卷一三七〈戰國漢唐諸子〉，頁3261。

代與學術背景不相同的情況之下，王通一派儒學與宋代理學此兩者並不是站在同一處立足點，所以有許多地方是無法以是非對錯來評斷，如同王通與朱熹學術的差異處，也只應該說是因時制宜地各有千秋，如此一來，吾輩不當從主觀上抉擇王通與朱熹二者的誰是誰非，我們只可藉由朱熹的言語，探究出兩者的學術特徵與造成互斥的可能因素。對於王通，朱熹曾這麼說道：

> 略知明德新民，而不求止於至善者，如前日所論王通便是。看他於己分上亦甚修飭，其論爲治本末，亦有條理，甚有志於斯世。只是規模淺狹，不曾就本原上著功，便做不徹。〔註81〕

> 文中子不曾有說見道體處，只就外面硬生許多話，硬將古今事變來厭捺說或笑，似太公家教。〔註82〕

> 王通這人，於世務變故、人情物態，施爲作用處，極見得分曉，只是於這作用曉得處卻有病。〔註83〕

> 只可惜不曾向上透一著，於大體處有所欠闕，所以如此！若更曉得高處一著，那裏得來！〔註84〕

> 王通見識高明，如說治體處極高，但於本處欠。〔註85〕

> 文中子議論，多是中間暗了一段，無分明。〔註86〕

> 便是它大本領處不曾理會，縱有一二言語可取，但偶然耳。〔註87〕

朱熹所謂的本處、本原處、大體處、道體處、作用處、大本領處等等，指的就是儒家思想中的道德本體，也就是道德實踐修養之工夫。朱熹這樣激烈地批評當然是太過武斷的，王通對於道德本體與實踐修養工夫絕非不曾談論，故實不宜說王通儒學的道德本體處有所欠缺。吾寧可說因爲《中說》是採語錄體的形式，故而王通所談到的儒家道德本體及各項道德修養工夫都散見於各篇章之中，定須耐心仔細地研讀分析，才能無所遺漏地察見出王通所強調的道德本體處以及修養實踐之工夫，倘若像朱熹對王通這般批評，自然是極

〔註81〕同註57，卷一七〈大學四〉，頁379。
〔註82〕同註57，卷九六〈程子之書二〉，頁2476。
〔註83〕同註65。
〔註84〕同註62。
〔註85〕同註57，卷一三七〈戰國漢唐諸子〉，頁3260。
〔註86〕同註68。
〔註87〕同註75。

不適切、極不公道的。例如王通所談到的「中道」、「五常」都可視爲道德本體，而「窮理盡性」、「以性制情」都是修養道德所不能或缺的工夫，然則這些細節卻竟然被朱熹所忽略遺漏了！又如朱熹對於王通所謂的「動靜見天地之心」這麼批評道：「它意思以方員爲形，動靜爲理，然亦無意思。而今自家若見箇道理了，見它這說話，都似不曾說一般。」〔註88〕若單單是描述客觀宇宙天地的方員動靜，對於儒學思想而言確實是毫無意思，但王通所著重的絕對不是只停留在對於宇宙天地形態樣貌之描述。儒者何以能見天地之心？儒者又是以何察見天地之心？這當然存著道德感通這層意義在，儒者領略天地運行妙化的作用，而下貫於人事必也得遵循道德，合乎於仁義之道。「動靜見天地之心」之中所謂的「見」是「洞悉、察見」的意思，「心」有「領略、感通」等涵意，這都具有活動性而絕非死寂不動的，也絕不是如朱熹所批評的這般毫無價值與意義。

對於朱熹批評王通儒學毫無道德本體處，筆者認爲這實是認知角度上的不同，尤其在朱熹當時，宋代理學趨於成熟詳備，朱熹本身又勤奮博學，他的理學規模與學術成就自然是偉大的，以王通區區三十四歲的得年斷然沒能來得及持續擴充自己的學術規模，況且王通與朱熹所處的時代背景並不相同，朱熹站在理學的角度看待王通學說也有幾分不妥。我們也應該瞭解到，王通絕非不知或不談道德本體處，而該說王通所談的道德本體處尚未形成完備的規模體系。不過我們倒可以進一步思考，爲何朱熹常以此批評王通儒學思想呢？這關係到朱熹的學問路數與王通儒學的差別性。王通的儒學特質如下：一者、王通闡揚的是窮理盡性，所窮之理爲天理，窮理的目標在於盡性。二者、王通教人爲學必得專一，他說道：「不廣求，故得；不雜學，故明。」〔註89〕再接著來看朱熹的儒學特性：一者、朱熹講究格物致知以窮理，其窮理之目標在於致知。二者、朱熹教人要博學以格物，他說道：「格物須是到處求。博學之，審問之，愼思之，明辨之，皆格物之謂也。」〔註90〕由此可知朱熹儒學的發展方向跟王通確實是有所差異，倘若眞要論及儒家思想的道德本體處，吾寧可說是朱熹與王通所體會的方向並不一致，兩人雖同樣朝向窮理方面談學問，畢竟王通談的是盡性，然則朱熹卻走入格物致知這條路徑之

〔註88〕同前註。

〔註89〕同註9，卷八〈魏相篇〉，頁4。

〔註90〕同註57，卷一八〈大學五〉，頁421。

中。朱熹雖從世務變故、人情物態等處稱讚王通，然而他卻不曾眞正認同王通的學說重心，例如：窮理盡性、以性制情、少思寡欲這些道德修養工夫，朱熹都不曾去談，他賞識王通的部份往往在於世務變故、人情物態等特徵。

　　朱熹是宋代大儒，他的言談觀念對後世影響甚大，也時常是儒學家們援引的指標，但倘使按照牟宗三先生所說：「一般人公認朱夫子是正宗，而他也自以爲是正宗，以爲這樣講最好、最恰當。事實上，當他自以爲如此的時候，他的心思就沒有提上來，而落到和一般人差不多了。」〔註91〕又說道：「朱夫子的頭腦不能講《論語》，也不能講《孟子》、《中庸》、《易傳》，而只能講《大學》，另外加上《荀子》。他的頭腦是荀子的頭腦。」〔註92〕筆者引述許多牟先生對朱熹的看法，目的是在於導正一般人的普遍概念，由於朱子在宋朝理學中的地位崇高，一般人便極容易按朱子所說的一切照本宣科，儼然把朱熹所敘述的字字句句當作權威、眞理。朱熹不喜好文中子之學並且批評王通，其後的儒者便也跟著抗拒文中子的學說，這無疑是阻礙著文中子學說的持續發展，倘若儒家思想脈絡從先秦兩漢的儒學就跳至宋明的理學，其中卻忽略了南北朝、隋朝時候儒學的重要代表人物——王通，筆者以爲：這無疑是儒學思想發展中的一頁空白。

二、陳　亮

　　陳亮受到王通莫大的影響，如《宋史·陳亮傳》記載：

> 亮自以豪俠屢遭大獄，歸家益屬志讀書，所學益博。其學自孟子後惟推王通，嘗曰：「研窮義理之精微，辨析古今之同異，原心於秒忽，較禮於分寸，以積累爲工，以涵養爲正，睟面盎背，則於諸儒誠有愧焉。至於堂堂之陳，正正之旗，風雨雲雷交發而並至，龍蛇虎豹變現而出沒，推倒一世之智勇，開拓萬古之心胸，自謂差有一日之長。」亮意蓋指朱熹、呂祖謙等雲。〔註93〕

陳亮對於王通確實極爲仰慕推崇，在他的文集當中就有〈類次文中子引〉如此稱讚王通道：

〔註91〕牟宗三：《中國哲學十九講》（臺北：臺灣學生書局，民國72年10月），頁398～399。
〔註92〕同前註，頁401。
〔註93〕同註47。

> 春秋，天子之事，聖人蓋有不得已爲者，戰國之禍慘矣，保民之論，
> 反本之策，君民輕重之分，仁義爵祿之辯，豈樂與聖人之異哉，此
> 孟子所以通《春秋》之用者也……故夫功用之淺深，三才之去就，
> 變故之相生，理數之相乘，其事有不可不載，其變有不可不備者，
> 往往汩於記注之書，天地之經，紛紛然不可復正，文中子始正之，
> 續經之作，孔氏之志也，世胡足以知之哉？〔註94〕

陳亮專注於歷史的客觀價值，對王通通權達變的思想極爲讚賞，他屢屢強調儒者不可一味地墨守常規，亦必須通曉權變對於時勢之必要性。陳亮不論是在上書或是在答朱熹書裡頭都不忘強調與傳達權變思想之重要性，也因此引起朱熹不斷地來信駁斥，倘若細觀這些往來書信則不難發覺，朱熹縱然立論偏於一隅，而陳亮又何嘗不是偏於一隅，朱熹縱然對於王通儒學思想的接受度不高，但陳亮在理解王通儒學思想上卻也引起爭議，他雖能繼承王通的權變思想，然而關於形勢法令等可以變的範疇他想變，至於儒學思想、道德主體等不該變的地方他也想變。如此觀來陳亮對於王通的儒家思想，一方面固然是有所得，另一方面卻也不免有所亡失，即便他處處照著王通的王道觀、權變思想來立論述說，然亦只能略見一二，又由於陳亮對於儒學思想的根基不如朱熹，所以在兩人書信的來往辯論之中，筆者反倒認爲是朱熹佔了上風。不過這並非表示著朱熹批評王通之說法就是公道的，歸根究底便是陳亮對於王通學說的研究未臻熟稔，對於王通儒家思想的領略也不夠深刻紮實，故而始終沒辦法站在道德思想的角度上闡述立論，以下就《陳亮集》字裡行間探討其觀念思想：

（一）權變思想

陳亮受到王通影響最深之處莫過於權變思想，陳亮認爲儒者應通權達變而不該拘於常規常理，所以他這麼說道：

> 民窮兵疲而事不可以已者，不可以常理論；消息盈虛而與時偕行者，
> 不可以常法拘。〔註95〕

> 臣竊惟藝祖皇帝畫天下之大略，蓋將上承周漢之治。太宗皇帝一切
> 律之於規矩準繩之內，以立百五六十年太平之基。至於今日，而不
> 思所以變而通之，則維持之具窮矣。〔註96〕

〔註94〕同註17。
〔註95〕同註17，卷一〈上孝宗皇帝第二書〉，頁10。
〔註96〕同註17，卷一〈上孝宗皇帝第三書〉，頁12。

> 前漢以軍吏立國，而用儒以致太平。要之人各有家法，未易輕動，
> 惟在變而通之耳。〔註97〕

> 臣聞治國有大體，謀敵有大略。立大體而後綱紀正，定大略而後機
> 變行，此不易之道也。〔註98〕

> 風不動則不入，蛇不動則不行，龍不動則不能變化。今之君子欲以
> 安坐感動者，是真腐儒之談也。……況欲運天下於掌上者，不能震
> 動則天下固運不轉也。〔註99〕

陳亮所謂的變動強調於實際的功績作為，他重視客觀的情勢變化，並以為儒
者不該侷限於常理常法之中，儒者隨時機應變運化，不偏執一隅、不拘泥頑
固，陳亮這種想法基本上確實受到王通權變思想的影響，不過兩人所強調的
權變卻仍然有些許出入。王通除了論述「變」的部份，更闡揚「不可變」的
部份，是故他說道：「千變萬化，吾常守中焉。」〔註100〕這便是王通對於儒家
道德思想的強調與堅持，而陳亮畢竟是大大地忽略到此點，所以才誤將權變
思想擴充得如此廣泛。在未透徹王通學說思想的情況下，陳亮對於權變談得
太多，對於道德仁義反倒是說得太少，如此的權與變雖然本於王通，卻無非
只是一知半解的權變思想，終歸還是沒能把王通學說中的真諦發揚光大。

（二）王霸義利

陳亮所論王道，除卻三代之外亦稱頌兩漢，這無疑與王通觀點相類似，
惟獨不同的是王通雖先論兩漢，最終期盼的政治仍然是三代聖王的仁政德
治。相較於王通，陳亮對於歷史現實畢竟過份地重視，所以他才會如此地稱
許兩漢功績與霸業，而對於三代理想政局卻反倒忽視了！陳亮闡述道：

> 聖人之於天下，大其眼以觀之，平其心以參酌之，不使當道有棄物
> 而道旁有不厭於心者。九轉丹砂，點鐵成金，不應學力到後反以銀
> 為鐵也。……一生辛勤於堯舜相傳之心法，不能點鐵成金而不免以
> 銀為鐵，使千五百年之間成一大空闕，人道泯息而不害天地之常運，
> 而我獨卓然而有見，無乃甚高而孤乎！〔註101〕

〔註97〕同註17，卷一〈上孝宗皇帝第三書〉，頁14。
〔註98〕同註17，卷二〈中興論〉，頁21。
〔註99〕同註17，卷二〇〈又癸卯秋書〉，頁277。
〔註100〕同註71。
〔註101〕同註17，卷二〇〈又乙巳春書之二〉，頁290。

陳亮與朱熹書信來往爭辯，不外乎對於三代與兩漢、王道與霸道、道義與利欲等等課題存有迥異的認知，朱熹對於三代以後的政治予以否定，而陳亮卻認爲漢唐仍有些本領，所以不可謂毫無可觀之處。陳亮肯定漢唐價值，誠如王通稱讚兩漢之制一般，他一方面宣揚王道文化之可貴，另一方面也未敢忽略政治的現實層面。陳亮這麼說道：

> 亮大意以爲本領閎闊，工夫至到，便做得三代；有本領無工夫，只做得漢唐。而秘書必謂漢唐並無些子本領，只是頭出頭沒，偶有暗合處，便得功業成就，其實則是利欲場中走。〔註102〕

由於陳亮過於重視歷史現實，而朱熹只顧慮道德理想，所以在三代、漢唐的王霸爭辯之中，兩人注定難以取得共識。至於義與利欲，陳亮認爲利欲是人心之中本有的污穢，是故他這麼闡述道：

> 亮以爲才有人心便有許多不潔淨，革道止於革面，亦有不盡概聖人之心者。聖賢建立於前，後嗣承庇於後，又經孔子一洗，故得如此淨潔。〔註103〕

陳亮覺得人心原本就容易被利欲所遮蔽，故聖賢必得以道德仁義清洗潔淨之，這與王通教人要少思寡欲的觀念是一致的。陳亮對於王通儒學思想的傳承較著重於政治思想的「外王」部份，「權變」與「王霸」始終是陳亮有意繼承與闡揚的思想。漢唐所成就的霸業是陳亮所認同的，他甚至認爲漢唐的政治局面未必亞於三代。在陳亮的想法之中，霸業並不等同於利欲，所以即便他認同漢唐霸業，卻不等於他也認同了人心私欲，他以爲私欲仍是人心之中的不潔淨，此不潔淨需要經由聖賢的教化清洗。

（三）儒學趨向

陳亮學問特色與理學家的學問進路有所不同，這也與陳亮在朝爲官的背景有所相關，他認爲「儒術」該與政治聯繫，進以成就「外王」之道。陳亮曾在〈上孝宗皇帝第一書〉中云：

> 窮天地造化初，考古今沿革之變，以推極皇帝王伯之道，而得漢、魏、晉、唐長短之繇，天人之際，昭昭然可察而知也。始悟今世之儒士自以爲得正心誠意之學者，皆風痺不知痛癢之人也。〔註104〕

〔註102〕同註17，卷二〇〈又乙巳秋書〉，頁292。
〔註103〕同註17，卷二〇〈又乙巳秋書〉，頁293。
〔註104〕同註17，卷一〈上孝宗皇帝第一書〉，頁8。

陳亮對於儒家思想的領略大多著眼於外王之道，而理學家則較多以心性之學闡述內聖之道，這在陳亮的角度看來則爲「風痺不知痛癢」。試想如果儒者參與政治的意願不高，只顧著窮守內聖而完全忽略外王的話，在下的臣民便無法凝聚力量，無法以儒家思想來督促君主勵行仁政德治，儒者倘若僅僅偏重於自身內在心性之修養，對外在的歷史、政局、形勢冷眼旁觀的話，其結果便是王道不行，君主恣意妄爲，天下形勢動亂不堪，最終使得黎民蒼生飽受欺凌。陳亮所推崇的儒學思想必得與政治局勢形影不離，如此的儒家思想才眞正能對君主以及其施政作爲產生最直接的影響力，故陳亮也上書闡揚王通「天命歸於有德者」之觀念道：

> 苟國家不能起而承之，必將有承之者矣。不可恃衣冠禮樂之舊，祖宗積累之深，以爲天命人心可以安而久繫也。皇天無親，惟德是輔；民心無常，惟惠之懷。……王通有言：「夷狄之德，黎民懷之，三才其捨諸。」此今儒之未講也。〔註105〕

除了談到天、地、人的三才關係，強調道德與天命之間的緊密聯繫，陳亮更在王通所謂「誠」的基礎之上，要求爲人君者必得開誠無隱，他認爲在上位者倘能先以誠待人，臣民對君主也自然不敢有所隱瞞欺罔，甚至還會忠心耿耿地服從效命。陳亮闡述道：

> 臣嘗觀自古大有爲之君，慷慨果敢而示之以必爲之意，明白洞達而開之以無隱之誠；故天下雄偉英豪之士，聲從響應，雲蒸霧集，爭以其所長自效而不敢萌欺罔之心，截然各職其職而不敢生不滿之念。〔註106〕

> 天下之士，有以致之耳。雖然，何世不生才，何才不資世！天下雄偉英豪之士，未嘗不延頸待用，而每視人主之心爲如何。使人主虛心以待之，推誠以用之，雖不必高爵厚祿而可使之死，況於其中之計謀乎！〔註107〕

如上所述云云，陳亮無非是以王通一派的儒學思想督促君主，但是陳亮傳播儒家道德觀的對象僅偏重於君主，而對於儒家道德觀的施用範圍也往往侷限在政治環境當中，所以嚴格說起來，陳亮尙不足以稱得上是一位儒學思想家，

〔註105〕同註17，卷一〈上孝宗皇帝第一書〉，頁3。
〔註106〕同註17，卷二〈中興論〉，頁25。
〔註107〕同註17，卷二〈中興論〉，頁26。

而只該說他是一位帶有儒家色彩的政治家。另外，陳亮著重外王的程度遠超過對於內聖之道的重視，這便是他學問失調與未竟全功之處。陳亮雖然有機會在朝爲官，對當權的在上位者也多有上書與諫言，實也有將「儒術」應用於政治上的用心與抱負，可惜他仍未能因此壯大儒學規模，從另一方面看來，陳亮己身之道德立場並未達到超然的境界，筆者以爲：這也是朱熹優於陳亮的地方。

三、朱陳之爭

朱熹與陳亮有許多書信往來的爭辯，其內容也涉及到文中子學說。朱熹曾這麼說道：「陳同甫學已行到江西，浙人信向已多。家家談王伯，不說蕭何張良，只說王猛；不說孔孟，只說文中子，可畏！可畏！」〔註108〕，而關於朱熹與陳亮兩人的相爭，牟宗三先生曾說道：「我們的歷史，除了歷史的必然性以外，一定要講一個道德的必然性。照這個意思，講歷史就要有兩個判斷，一個是道德判斷，一個是歷史判斷。中國以前也有這個問題，南宋的時候朱夫子和陳同甫兩個人相爭論，就是這個問題。朱夫子只有道德判斷，沒有歷史判斷，所以他不能講歷史。陳同甫呢？他似乎只有歷史判斷，沒有道德判斷。所以兩個人起衝突。」〔註109〕根據牟宗三先生對陳亮歷史判斷的看法，在缺乏道德思想與價值的情況下，嚴格說來那只是一種「英雄主義式的觀感」。〔註110〕其實朱熹跟陳亮的爭執可以從儒家的內聖與外王來談起，內聖的寄託在於道德心性，外王的對象與範圍是君主以及政治環境，朱熹學說所著重的是內聖，陳亮思想所偏重的卻在於外王，於是朱熹、陳亮二人在此膠著狀態下是很難取得共識的，何況朱熹一派儒學並不看重王通，所以即便王通學說中有寶貴的「內聖之道」，卻也未能引起朱熹的注意。另外在陳亮這方面，他不從道德心性的範疇探究王通儒學，在內聖這點自然未能有所長進，更不可能有多高深的學問基礎好與朱夫子分庭抗禮，他只能從外王的角度研讀王通學說，但很可惜陳亮所談的王道卻又是王霸夾雜，甚至往往變成是王寡霸多的情況。陳亮這樣的思想對於王通儒學的繼承當然是不相應的，因此朱熹痛斥陳亮當然還是有幾分道理的，但朱熹批評王通的話卻總是少了幾分公

〔註108〕同註57，卷一二三〈陳君舉〉，頁2966。
〔註109〕同註91，頁13。
〔註110〕同前註。

道，因爲陳亮的思想並不足以代表或繼承王通的學說，朱熹把王通跟陳亮混爲一談，這在前提上就已經先站不住腳了。

倘若我們只站在理學家的角度來看，或許眞覺得在《中說》當中，王通談論王道、帝制的部份實在太多了，所以便誤認爲王通學說著重外王更勝於內聖，又宋明理學非常強調儒家思想中的道德修養工夫，這道德修養工夫便是內聖的工夫，是用來教人成聖成賢的。綜觀王通在《中說》裡頭談論到王道、帝制的篇幅縱使相當地多，但這並不能夠表示王通的儒學並不重視內聖的道德修養工夫，關於王通所論述的道德修養工夫，筆者已於本文的第三章第四節中析論之，後人誤以爲王通不談論道德本體處，實際上是太過於偏頗與武斷的，他們不宜在尙未深究王通儒學體系的情況之下，就冒然地斷定他的學說沒有涉及儒家思想的道德本體處。我們應該明瞭，儒家所謂的外王，是必須藉由在位者於政治上發揮體現，在位者所指的便是掌握政治權柄的君王而言，所以並不是人人都能夠在其位，都能夠去外王的，但是經由內聖的工夫進而成聖成賢卻是人人都有機會達成的，也因此儒家才竭盡心力地闡述內聖的道德修養工夫用來教化百姓，以期望有朝一日能使道德仁義普遍天下。既然內聖如此重要，我們不免疑惑爲何王通還要去談論這麼多外王的部份呢？關於此點則必得考量到那時候的歷史背景。吾等研究思想者應該先有一項認知，學說思想的催生本就與時代議題息息相關，學說思想的創造與闡述便是志在於處理與之相對應的時代課題，並且設法透過對學說思想的實踐來解決社會上叢生的弊端，就像孔夫子的學說是在於面對周文疲弊時所創生，而王通的學說是在於面對南北朝到隋代長期以來的政治動亂以及各種社會弊端所創生，故王通的學說思想自然會在外王的部份談得許多，這點無論站不站在理學的角度來看，都不能批評王通是錯的。在那樣的時代環境中，內聖固然極爲重要，而外王難道就那麼不重要嗎？由於王通明白政治以及君主的施政作風對於黎民百姓的影響力是很巨大的，對於整個社會的影響層面也是相當廣泛，若以此點看來便不難領略王通的動機與用心，況且王通並未有過外王更重於內聖這樣的意思存在。再者，若以朱熹爲宋朝理學的正宗，並且認定朱熹學說爲不可動搖的權威，依憑這樣的想法來看待及貶低王通，實際上是極有爭議性的。牟先生這麼說道：

> 就表面上看，大家都以爲朱夫子是宋儒正宗，是正統派，是所謂的
> 道學家。……那表示說，宋儒的學問以濂、洛、關、閩爲正宗。「濂」

指周濂溪,「洛」指二程,「關」指張橫渠,「閩」便是指朱夫子,因
此以他所傳的爲正宗。可是朱夫子在北宋四家中只能傳程伊川。……
因此,這樣看起來,所謂「濂、洛、關、閩」的傳承,所謂「朱夫
子繼承宋儒的正宗」,事實上全是假象。〔註111〕

宋明儒學的學問,若談論到道德本體處必然也講究工夫,本體與工夫是不容
分割分說的,而所謂的工夫即是道德修養、道德實踐。牟先生也從這樣的角
度切入分析朱熹所闡述的格物窮理,牟先生對此這麼談論道:

這樣講工夫,我名之曰「順取的工夫」。我爲什麼說以「順取的工夫」
講道德不中肯呢?因爲這是混知識爲道德,把二者混在一起。這樣
是不行的,康德就是要把它們分開。以講知識的態度來講道德,這
是個大混雜。……順取之路就是順著我們眼前之物,即其物而窮其
理,以此決定道德的實踐;也就是以知識決定道德。……照現代人
的看法,朱子那條路是不行的。可是在以前,大家卻把他看作理學
的正宗,以爲聖賢工夫不能離開他的路。〔註112〕

統合上述,筆者對朱熹的學說歸納出兩個簡要的特點,其一:宋儒學問紛雜,
而朱熹繼承的學問僅僅偏重於伊川一派,所以後世亦不宜單憑朱熹一派學問
來代表宋朝理學。其二:朱熹對於道德修養工夫進路是強調格物窮理的,這
是以知識教育引領道德仁義的作法,如此則難以契合先秦孔孟儒學思想,也
不足以領略孔孟所云仁心、性善的眞諦。所以朱熹的正宗地位不在於道德實
踐而是在於教育立場,對此牟先生這麼說道:「我們作個同情的了解,大概可
以這樣說:他們是廣泛地、籠統地從教育立場著眼。教育就是教人做人之道,
是人的具體生活整個地看,也就是由教育的立場廣泛地看,朱子的方法是正
宗。這『正宗』是從教育的立場來說的。」〔註113〕雖然朱熹不似陳亮這般喜
好王通之學,不過這情形並不能代表王通之學有某種思想缺陷,而且陳亮對
於王通學說的領略還是稍嫌粗糙,他的論述尚不足以跟隨上王通的腳步。王
通從不是一名眷戀官場權位之人,他不曾爲一己之仕途擔憂煩惱,但是陳亮
晚年卻執意於事功,深陷於利欲的膠漆之中,這也可以看出陳亮與王通學術
性格上之差異。

〔註111〕同註91,頁391。
〔註112〕同註91,頁395～396。
〔註113〕同註91,頁396～397。

第七章　結　論

　　王通服先人之義，承接王氏先祖對於儒家思想的家學淵源，並於內聖方面稽考仲尼之心感通道德仁義，且探究天人之事以析論三才關係，述說出以道德為依歸的天命觀點，而於外王方面王通所闡明的帝王之道，是能行仁政德治安頓百姓、教化黎民而收長治久安功效的聖王之道。王通《續經》已亡佚無從探討，而《中說》雖不採經學進路，卻反倒更能活化傳統儒學，注入思想新血以適應時代變遷，匡濟了當時儒學衰微、人心不古、上位無德的混亂世道。尤其是處在那種玄佛顯達、綺文當道的歷史背景裡，王通所闡述的儒家思想就更具備深刻的價值意義了！他對儒學的重申不但是一種復古，亦可說是一次革新，他在遵循孔門傳統儒學與道德仁義的原則底下，也熔鑄進自身的思想觀念，而透過《中說》論述的字裡行間，吾輩便不難體認出王通所遭遇的時代議題是多麼的艱辛與困窘，他又如何的在這積重難返、病入膏肓的亂世之中奮發而起登高一呼，為救時弊而陳策、為明王道而著述、為顯仁義而講學。他對於災異讖緯天命觀念的扭轉，對於淫靡綺麗文學的抨擊，對於佛、道二家的看法，都是獨特而值得探究的精湛思想。吾等必須明瞭中國傳統儒學思想的寶貴之處，以及與佛道兩家思想最大的差別處，正在於儒家積極入世的傾向，儒家思想所強調的不只在於一己的修身之道，不僅在於增長自身的道德修養與人格境界，經世的效用也是儒家思想所屢屢展現的特質，這正如張灝先生〈宋明以來儒家經世思想試釋〉一文當中所說：「經世與修身如車之兩輪，鳥之雙翼，並為儒家人文中心思想觀念。」〔註1〕王通的儒

〔註1〕　張灝等著：《近世中國經世思想研討會論文集》（臺北：中央研究院近代史研究所，民國73年4月），頁3。

學思想特色正也在於「經世」與「修身」二者之並重。經世範疇可經由王通
政治觀、教育觀等思想完整地呈現，而在修身方面王通所特別強調的是對於
五常與中道的遵循與發揚。對於王通儒學思想可惜的是後繼無人，宋代對於
王通儒學思想的重視也是始盛終衰，陳亮雖大力宣揚並且有意繼承，終未能
相應地理解王通之學說。朱熹本身是宋朝著名的理學家，但對於王通此派儒
學的領略卻總採取較狹隘的眼光，甚至常陷於儒門同輩的爭辯之中，然而王
通對於儒學思想的貢獻與價值，畢竟也不是朱熹所能全盤予以否定的。王夫
之曾這麼說道：「隋以一天下，蘇綽、李諤訂隋之治具，關朗、王通開唐之文
教，皆自此昉也。一隅耳，而可以存天下之廢緒；端居耳，而可以消百戰之
凶危……是故儒者之統，孤行而無待者也；天下自無統，而儒者有統。道存
乎人，而人不可以多得，有心者所重悲也。」〔註2〕儒者具備淑世的精神，或
寄託在政治制度上，或發顯在教化勸導上，實現方式與施行場所雖不盡相同，
但關注蒼生的心意實爲一致。在此段言論之中可見王夫之對王通的肯定。

　　事實上，不論是哪個朝代，或古或今，政局紛亂與社會風氣敗壞進而使
全天下動盪不安，主要的因素就是由於人心的腐化，人心之所以腐化實起源
於道德觀念之淪亡，「儒門淡薄，收拾不住」，而後起的法家自以爲施行嚴刑
峻法更能控馭社會，卻不自知再多的法律條文也只是一種勉強地設防圍堵，
單憑此惟恐不足以平治天下。筆者以爲法律刑罰、條文規章易治標而難治本，
道德思想的勸化仍有其效益，而儒家思想發展至今已歷數千年，經過多少次
的衝擊、挑戰、考驗，儒家學說本身也經歷多少次的調整、活化、再造，實
際上儒家思想不失爲一種成熟的道德思想，然則學說本身卻具有相當的廣度
與深度，這是需要下工夫努力去領略、修養、實踐的，儒家思想的教化更是
一種百年樹人的潛移默化，它雖不像法家這樣講求立竿見影的速效，但卻是
無庸置疑的治本之道。儒家思想的珍貴處誠如牟宗三先生所說：「開闢價值之
源，挺立道德主體，莫過於儒。……在危疑時代，能挺起來作中流砥柱的，
只有儒家。」〔註3〕而王通在動亂的時局裡，爲復興逐漸勢微的儒家挺身而出，
不遺餘力地欲撥亂反正，以儒家的淑世精神抨擊無道，他關心時代議題，憂
心那些拋棄道德操守而沉淪於物欲之人，並藉由聚徒講學、著述立說，期盼

〔註2〕〔清〕王夫之：《讀通鑑論》（臺北縣土城市：頂淵文化事業有限公司，民國
　　　93年3月），卷一五，頁498。
〔註3〕牟宗三：《中國哲學十九講》（臺北：臺灣學生書局，民國72年10月），頁62。

能把儒家教化普及於各階層，讓儒家思想能撥雲見日地重見光明，此足堪證明王通對於發揚儒學的卓越貢獻。孔廟亦將王通祀於西廡，位列於二十三名先儒當中，〔註4〕更見王通在孔門儒學中的價值地位。

　　文中子之學誠然有對治時代的特殊價值，但嚴格來講仍不免有其侷限之處。由於王通講究「儒術」務實致用的經世價值，政教得失是他極為關切的議題，這樣的學術進路必須與政治有緊密的牽連，然而君主對儒學抱持的態度，以及君主是否有將「儒術」施用在政治教育上的意願，都不是任何儒者所有辦法作主的事情。對此難題，儒家思想的對治之道可分為三層次：一、儒者期盼聖王降世，因為聖王懂得運用儒術來勵行王道德治。二、當儒者未逢明主之時，則以勸諫、督促、呼籲等方式影響當代君主，使他正視儒術的效益。三、當代君主倘若暴戾無道，儒者在「民貴君輕」的原則下亦不反對人民以武力推翻現有政權。例如：王通學說則較為緩和，他雖然相當地關懷民間疾苦，但對於當朝無道政權的反抗並不激進。王通雖不斷地呼籲君主必須勵精圖治，無奈他的學說卻始終不被隋代政壇重視與運用。隋文帝晚年的荒廢儒術，隋煬帝的治國無方與勞民傷財，這無非已是讓儒者們忍無可忍的暴政，然則王通不談兵戰之事的性格雖是溫文儒雅，但從另一個角度看來卻是過於被動消極，因為當君主泯滅良心之時，儒者所有的道德勸諫與再三呼籲也已是徒然，故而文中子之學對於當朝政權的影響力並不顯著。雖然如此，但王通儒學對後世儒者思想之影響卻是可以確定的。魏明、尹協理二位先生曾指出：「王通為隋唐儒學變革的先行者，理學思想的發端者。」〔註5〕此語肯定王通儒學在學術上的特殊意義，以及在啟迪後人思想上的價值。事實上，程朱子、陸九淵、王陽明等理學家都有研讀、探討過文中子之學，也一定程度地受到王通儒學思想的啟迪及影響，其中程伊川、朱熹的反應偏向於質疑與批評，陸九淵、王陽明對於王通儒學的接受度則高得許多。陸九淵說道：「由孟子而來，千有五百餘年之間，以儒名者甚眾，而荀、揚、王、韓獨著，專場蓋代，天下歸之，非止朋游黨與之私也。」〔註6〕王陽明說道：「退之，文

〔註4〕　〔清〕孔繼汾《闕里文獻考》（臺北：維新書局，民國57年1月），卷一四〈祀典一〉，頁42。

〔註5〕　尹協理、魏明：《王通論》（北京：中國社會科學出版社，1984年12月），頁238。

〔註6〕　〔宋〕陸九淵：《陸九淵集》（臺北：里仁書局，民國70年1月），卷一〈與任孫濬書〉，頁12。

人之雄耳。文中子，賢儒也。後人徒以文詞之故，推尊退之，其實退之去文中子遠甚。」〔註7〕陸王一派理學家既然強調「知行合一」的重要性，這與王通儒學「經世」、「務實」的理念有所相應，或也顯示出陸王一派的理學與王通儒學頗能有相互契合之處。

王通儒學思想此題未來研究之展望亦可從「內聖外王」的角度切入探討，由於王通儒學思想之重心不單在於「內聖」的道德修養，它更是一門「外王」的經世致用之學，王通意欲以「儒術」弭平政治亂象與社會弊端，這的確是一種具有務實意義的學問趨向。儒家思想中的「內聖外王」常被視爲不可分割的整體，以「內聖」爲體、以「外王」爲用，此即是儒家思想「以道德實現治世」的理想寄託。實際上，「外王」的實踐必須透過君主，而政治環境無非也是影響「外王」實踐的因素之一。儒者即使具備才德卻不在其位的話，要將「王道」思想在政治環境裡頭拓展開來，確實也有其困難之處，而儒者所強調的道德力量是否真能凌駕在君主的政治威權之上，這或許更是一項不易解決的疑難。〔註8〕「內聖」實現的場所並不必透過君主或是政治，「外王」卻必須在君主的權柄底下付諸實行。儒家思想單純當成一種道德學說的話則是自足的，倘若要以「儒術」爲治，君主的政治權柄、政治局面的複雜、社會環境的多元都是「外王」之道所必然遭遇到的難題。如此，「內聖」與「外王」該不該被視爲不可分割的整體也是值得思索的議題。〔註9〕王通儒學思想無非也是期盼著一種重建過後的和諧秩序，這樣的秩序不僅要落在個人的心性上而成就「內聖」的道德修養，更是要拓展到「齊家」上而整合人倫秩序，延伸到政治、社會上而達成「治國」、「平天下」的最終目標。但是，從現實

〔註7〕〔明〕王守仁：《陽明傳習錄》（臺北：世界書局，民國51年3月），卷一，頁5。

〔註8〕余英時先生說道：「『內聖』與『外王』……自始即是一不可分的整體，而且『內聖』領域的開拓正是爲了保證『外王』的實現。……『外王』必須建立在『內聖』的基礎之上，本是儒學的原始觀念之一，孔子的『爲政以德』，孟子的『仁心』、『仁政』，都是這一觀念的不同表達方式。」參見余英時著：《宋明理學與政治文化》（臺北：允晨文化公司，民國93年7月），頁8～9。

〔註9〕余英時先生闡述道：「作爲一整體而言，『內聖』和『外王』是一連續體，絕對不能分割成兩截。我所謂的『迴轉』不是從『內聖』迴轉到『外王』，而是迴轉到『內聖外王』的整體。……就個人言，在識得『天理』後，依之自我修養，『變化氣質』，即是所謂『內聖』；依之處世接物，則進入了『外王』的領域。依『天理』而轉化自己需要一段修養過程，所以我說『內聖』是始點；但沒有人真能不與他人接觸，既與人相處，則必然發生秩序問題，所以我強調『秩序重建』是儒家的終極目的。」引書同前註，頁339～342。

層面與歷史客觀條件來看，政治環境的複雜性卻始終是阻礙儒家「外王」思想的一種負面力量，儒家「外王」理想之實踐也不免受到政治現實之限制。〔註10〕倘若純粹將儒學思想視爲一門「學術」，體認此門「學術」之主旨在於發顯人們的仁心善性，實踐道德修養之工夫，如此對於「內聖」的詮釋是可以自足的，至於能不能將「儒術」應用在政治環境當中則難以強求，因爲把「學術」與「治術」相聯繫所面臨到的將是更加複雜而多元的疑難。〔註11〕筆者以爲：儒者可以透過道德修養與儒學的教化成就「內聖」，至於「外王」由於牽連到外在的政治環境，是故必得要透過「明主」與「賢臣」的合作無間方可付諸實現，然而「明主」與「賢臣」卻都是可遇不可求的對象，這便是儒家「外王」之道的疑難處，就如同王通在整個南北朝至隋朝的諸多君主當中，也僅能挑選出一位相應於「王道」訴求的明主——北魏孝文帝。王通所處的隋代，文帝、煬帝皆未能稱得上是明主，而在這樣的政治環境裡，王通沒有意願開啓自己的仕途，王通儒學思想中「經世」、「務實」的效用也未獲得實踐與發揮的政治場所。宋代自開國以來，君主禮遇儒生文士，朝廷氣象爲之一新，君主以政治權柄賜予儒者發揮「儒術」的施展空間，故而在宋初之時有范仲淹的慶曆新政。〔註12〕范仲淹的慶曆新政是將「儒術」應用在「治術」上的成功案例。〔註13〕范仲淹仰慕文中子，並且受其「經世」、「務實」之學

〔註10〕陳弱水先生說道：「儒家政治思想主流中的烏托邦性質對於中國歷史產生了極其深遠的影響。這種思想所涵蘊的理想以及對如何實現理想的指示，普遍地溶入了歷代儒者的意識深處，成爲他們批評現實世界的起點與超脫現實世界的終點。」參見：〈追求完美的夢——儒家政治思想的烏托邦性格〉，黃俊傑編：《理想與現實》（臺北：聯經出版公司，民國 71 年 10 月），頁 214～215。

〔註11〕陳弱水先生說道：「『內聖外王』式的政治、社會思想可用以下的論式表示：人的生命有內在之善；內在之善擴充至極的境界是人格發展的最高目標，實現此一目標的人格謂之「仁」或「聖」。理想的社會乃是合乎倫理原則的人際秩序，此一理想之完成端賴政治領導者個人底道德資質。因此，『仁』、『聖』執政是眞正解決政治、社會問題的有效途徑，治國平天下的關鍵在於個人底道德修養。……對政治系統及領導者的自足道德性之認定，是儒家政治思想的根本疑難。」引書同前註，頁 218～222

〔註12〕李存山先生說道：「慶曆新政的改革科舉、興辦學校，則使儒學得以復興，成就了宋元明時期的新儒學。」參見：〈范仲淹與宋代儒學的復興〉，《哲學研究》第一〇期（2003 年），頁 40。

〔註13〕李存山先生說道：「慶曆新政的成功處，是扭轉了宋代以詞賦、墨義爲先的學風，在各州縣普遍建立了郡學，『經義』與『治事』併進，『明體達用之學』成爲朝野士人共同的追求。」參見：〈慶曆新政與熙寧變法〉，《中州學刊》第一期（2004 年 1 月），頁 121。

的啓迪，范仲淹實有心效法王通，並以「儒術」成就儒家「內聖外王」之最終目標，而所謂的「明體達用之學」與《中說》政治觀裡頭所強調的「務實效益」，此兩者皆是一種憑藉著儒學追求理想秩序的「經世理念」。宋代以儒術治國的結果頗有成效，這卻不意味著儒家「內聖外王」的政治思想毫無疑難之處。〔註 14〕儒者具備積極的入世態度，以淑世爲目標，期待藉政治施行道德思想，重建和諧的人倫秩序，這種胸懷與作爲是值得嘉許的，〔註 15〕但是政治環境的複雜與社會文化的多元，「儒術」要與「政教」完全地結合也實爲一項難題。例如像現今這般多元混雜的社會環境，「道德思想」所遭到的衝擊與考驗又更勝以往，而近現代知識份子所背負的責任，無非也在於國家社會的長治久安之道。面對「政教得失」的議題，「道德」觀念的重要性自然不可偏廢，但另一方面倘能以「法治」觀念之建立與對「道德」思想之正視，此兩者相輔相成的情況下來解決社會弊端，〔註 16〕並以此調和來面對儒家政治思想在「外王」層面所遭遇到的困境與難題，的確也不失爲一種可行的方向。

〔註 14〕 張灝先生指出：「在政治理想的層面，『內聖外王』代表儒家特有的一種道德理想主義——聖王精神。……它是植基於儒家的超越意識。因爲這份超越意識，『聖王』觀念才能展現其獨特的批判意識與抗議精神；同時也因爲這份超越意識有其限制，它的批判意識未能在儒家傳統作充分的發揮。」參見張灝著：《幽暗意識與民主傳統》（臺北：聯經出版公司，民國 79 年 3 月修訂再版），頁三五。

〔註 15〕 林毓生先生指出：「從孔孟、朱程、陸王、到戴震、到張之洞……到新儒家，到現今許多知識界的知名之士，大家都約定俗成地強調『正人心之要』。大家對思想與道德的力量及其優先性均深信不移。大家認爲思想與道德是社會與政治的基礎，要建立健全的社會與政治，必先建立健全的思想與道德的基礎才成。」參見林毓生著：《政治秩序與多元社會》（臺北：聯經出版公司，民國 78 年 5 月），頁 111。

〔註 16〕 林毓生先生指出：「強調藉思想與道德的重建來解決我們的問題的說法，基本上只是反映了我們的文化背景而已；那不是針對已進入複雜的工商文明的臺灣社會中的特殊問題所提出的真正有效的方案。……筆者以爲，今日臺灣歸根究柢的首要之務是：法治的建立。」引書同前註，頁 114。

參考書目

一、專書類

（一）古代典籍（依時代先後排序）

1. 《尚書》，〔漢〕孔安國傳、〔唐〕孔穎達疏，臺北，藝文印書館，民國 68 年 3 月（十三經注疏本）

2. 《禮記》，〔漢〕鄭玄注、〔宋〕岳珂校，臺北，新興書局有限公司，民國 64 年 10 月（相臺岳氏本）。

3. 《史記會注考證》，〔漢〕司馬遷撰、〔日本〕瀧川龜太郎考證，臺北，大安出版社，民國 87 年 9 月。

4. 《春秋經傳集解》，〔晉〕杜預註，臺北，七略出版社，民國 80 年 9 月二版（相臺岳氏本）。

5. 《三國志》，〔晉〕陳壽，臺北，臺灣商務印書館，民國 57 年 9 月臺二版（百衲本二十四史）。

6. 《莊子》，〔晉〕郭象註，臺北，藝文印書館，民國 89 年 12 月。

7. 《宋書》，〔南北朝〕沈約，臺北，臺灣商務印書館，民國 57 年 9 月臺二版（百衲本二十四史）。

8. 《魏書》，〔南北朝〕魏收，臺北，臺灣商務印書館，民國 57 年 9 月臺二版（百衲本二十四史）。

9. 《昭明文選》，〔南北朝〕蕭統編、〔唐〕李善注，臺北，五南圖書出版公司，民國 80 年 10 月。

10. 《中說》，〔隋〕王通撰、〔宋〕阮逸注，臺北，臺灣中華書局，民國 68 年 2 月臺三版（中華書局據明世德堂本校刊）。

11. 《王子安集》，〔唐〕王勃，臺北，臺灣商務印書館，民國 65 年 3 月。

12. 《唐皮日休文藪》，〔唐〕皮日休，臺北，新文豐出版公司，民國 78 年 7 月（叢書集成續編）。

13. 《晉書》，〔唐〕房玄齡等撰，臺北，臺灣商務印書館，民國 57 年 9 月臺二版（百衲本二十四史）。

14. 《南史》，〔唐〕李延壽，臺北，臺灣商務印書館，民國 57 年 9 月臺二版（百衲本二十四史）。

15. 《北史》，〔唐〕李延壽，臺北，臺灣商務印書館，民國 57 年 9 月臺二版（百衲本二十四史）。

16. 《李文公集》，〔唐〕李翱，（明成化乙未十一年邵武郡守馮師虞刊後代修補本）。

17. 《梁書》，〔唐〕姚思廉，臺北，臺灣商務印書館，民國 57 年 9 月臺二版（百衲本二十四史）。

18. 《劉禹錫集》，〔唐〕劉禹錫，北京，中華書局，1990 年 3 月。

19. 《笠澤叢書》，〔唐〕陸龜蒙，臺北，新文豐出版公司，民國 78 年 7 月（叢書集成續編）。

20. 《昌黎先生集》，〔唐〕韓愈（明初期刊黑口十三行本）。

21. 《隋書》，〔唐〕魏徵，臺北，臺灣商務印書館，民國 57 年 9 月臺二版（百衲本二十四史）。

22. 《舊唐書》，〔後晉〕劉昫等撰，臺北，臺灣商務印書館，民國 57 年 9 月臺二版（百衲本二十四史）。

23. 《玉海》，〔宋〕王應麟，臺北，大化書局，民國 66 年 12 月。

24. 《揮麈前錄》，〔宋〕王明清，臺北，藝文印書館，民國 57 年（原刻景印百部叢書集成初編）。

25. 《石徂徠集》，〔宋〕石介，臺北，新文豐出版公司，民國 74 年 3 月（叢書集成新編）。

26. 《詩經集註》，〔宋〕朱熹註，臺北，萬卷樓圖書有限公司，民國 80 年 8 月。

27. 《四書集註》，〔宋〕朱熹註，臺南市，大孚書局有限公司，民國 80 年 3 月。

28. 《朱子文集》，〔宋〕朱熹，臺北，新文豐出版公司，民國 74 年 3 月（叢書集成新編）。

29. 《朱子語類》，〔宋〕朱熹著、〔宋〕黎靖德編，臺北，文津出版社，民國 75 年 12 月。

30. 《近思錄》，〔宋〕朱熹編，臺北，金楓出版有限公司，民國 86 年 5 月。

31. 《宋文鑑》，〔宋〕呂祖謙編，臺北，世界書局，民國 51 年 2 月。

32. 《文苑英華》，〔宋〕李昉等撰，臺北，新文豐出版公司，民國 68 年 10 月。

33. 《唐文粹》，〔宋〕姚鉉編，臺北，世界書局，民國 51 年 2 月。

34. 《河東柳仲塗先生文集》，〔宋〕柳開（清曙戒軒藍格鈔本）。

35. 《郡齋讀書志》，〔宋〕晁公武，臺北，廣文書局，民國 56 年 12 月。

36. 《容齋續筆》，〔宋〕洪邁，臺北，新文豐出版公司，民國 86 年 3 月（叢書集成三編）。

37. 《居業錄》，〔宋〕胡居仁（清同治五年 1866 年福州正誼書院刊本）。

38. 《新唐書》，〔宋〕歐陽修、宋祁等撰，臺北，臺灣商務印書館，民國 57 年 9 月臺二版（百衲本二十四史）。

39. 《考古質疑》，〔宋〕葉大慶，臺北，廣文書局，民國 58 年 1 月。

40. 《陳亮集》，〔宋〕陳亮，臺北，鼎文書局，民國 67 年 11 月。

41. 《陸九淵集》，〔宋〕陸九淵，臺北，里仁書局，民國 70 年 1 月。

42. 《宋史》，〔元〕脫脫，臺北，臺灣商務印書館，民國 57 年 9 月臺二版（百衲本二十四史）。

43. 《陽明傳習錄》，〔明〕王守仁，臺北，世界書局，民國 51 年 3 月。

44. 《宋學士全集》，〔明〕宋濂，臺北，新文豐出版公司，民國 74 年 3 月（叢書集成新編）。

45. 《本語》，〔明〕高拱，臺北，藝文印書館，民國 57 年（原刻景印百部叢書集成初編）。

46. 《中說考》，〔明〕崔銑（明正嘉間 1506～1566 年原刊本）。

47. 《焦氏筆乘》，〔明〕焦竑，臺北，臺灣商務印書館，民國 60 年 4 月。

48. 《闕里文獻考》，〔清〕孔繼芬，臺北，維新書局，民國 57 年 1 月。

49. 《荀子集解》，〔清〕王先謙，臺北，藝文印書館，民國 89 年 5 月。

50. 《香祖筆記》，〔清〕王士禎，臺北，廣文書局，民國 57 年 6 月。

51. 《讀通鑑論》，〔清〕王夫之，臺北縣土城市，頂淵文化公司，民國 93 年 3 月。

52. 《經學歷史》，〔清〕皮錫瑞，臺北，藝文印書館，民國 93 年 3 月。

53. 《四庫提要辨證》，〔清〕余嘉錫，臺北，藝文印書館（出版年月不詳）。

54. 《鄭堂讀書記》，〔清〕周中孚，北京，中華書局，1993 年 1 月。

55. 《古今偽書考》，〔清〕姚際恆，臺北，臺灣開明書店，民國 58 年 4 月。

56. 《癸巳存稿》，〔清〕俞正燮，臺北，新文豐出版公司，民國 74 年 3 月（叢書集成新編）。

57. 《欽定四庫全書總目》，〔清〕紀昀，臺北，藝文印書館，民國 86 年 9 月。

58. 《理學宗傳》，〔清〕孫奇逢，臺北，藝文印書館，民國 58 年 5 月（藝文印書館據清康熙五年孫氏兼山堂原刊本景印原書版）。

59. 《廣近思錄》，〔清〕張伯行輯（清同治五年 1866 年福州正誼書院刊本）。

60. 《文史通義》，〔清〕章學誠，臺北，世界書局，民國 45 年 2 月。

61. 《御定全唐詩》，〔清〕聖祖康熙，臺北，世界書局，民國 77 年 2 月（四庫全書薈要）。

（二）近現代著作（依出版先後排序）

1. 《文中子眞偽彙考》，王立中，湖南長沙，商務印書館，民國 27 年 7 月。

2. 《章氏叢書》，章太炎，臺北，世界書局，民國 47 年 7 月。

3. 《中國經學史》，馬宗霍，臺北，臺灣商務印書館，民國 57 年 10 月臺二版。

4. 《文中子考信錄》，汪吟龍，臺北，臺灣商務印書館，民國 62 年 4 月。

5. 《中國文化之精神價值》，唐君毅，臺北，正中書局，民國 68 年 9 月修訂二版。

6. 《歷代名人生卒年表》，梁廷燦，臺北，臺灣商務印書館，民國 68 年 11 月臺二版。

7. 《理想與現實》，黃俊傑編，臺北，聯經出版公司，民國 71 年 10 月。

8. 《天道與人道》，黃俊傑編，臺北，聯經出版公司，民國 71 年 11 月。

9. 《思想與人物》，林毓生，臺北，聯經出版公司，民國 72 年 8 月。

10. 《中國哲學十九講》，牟宗三，臺北，臺灣學生書局，民國 72 年 10 月。

11. 《近世中國經世思想研討會論文集》，張灝等著，臺北，中央研究院近代史研究所，民國 73 年 4 月。

12. 《王通論》，尹協理、魏明，北京，中國社會科學出版社，1984 年 12 月。

13. 《中國哲學史大綱》，蔡仁厚，臺北，臺灣學生書局，民國 77 年 8 月。

14. 《政治秩序與多元社會》，林毓生，臺北，聯經出版公司，民國 78 年 5 月。

15. 《幽暗意識與民主傳統》，張灝，臺北，聯經出版公司，民國 79 年 3 月修訂再版。

16. 《文中子研究》，駱建人，臺北，臺灣商務印書館，民國 79 年 7 月。

17. 《儒學的常與變》，蔡仁厚，臺北，東大圖書公司，民國 79 年 10 月。

18. 《中國文化哲學》，馮滬祥，臺北，臺灣學生書局，民國 82 年 10 月。

19. 《宋儒風範》，董金裕，臺北，東大圖書公司，民國 82 年 10 月再版。

20. 《隋代佛教史述論》，藍吉富，臺北，臺灣商務印書館，民國 82 年 10 月二版。

21. 《中國哲學的特質》，牟宗三，臺北，臺灣學生書局，民國 83 年 8 月再版。

22. 《中國歷史研究法》，梁啓超，臺北，里仁書局，民國 83 年 12 月。

23. 《國史大綱》，錢穆，臺北，臺灣商務印書館，民國 84 年 7 月三版。

24. 《中國哲學史》，王邦雄等編著，臺北縣蘆洲市，國立空中大學，民國 84 年 8 月。

25. 《儒家哲學》，吳汝鈞，臺北，臺灣商務印書館，民國 84 年 12 月。

26. 《政道與治道》，牟宗三，臺北，臺灣學生書局，民國 85 年 4 月增訂新版。

27. 《經學史》，〔日本〕安井小太郎等著、林慶彰等譯，臺北，萬卷樓圖書有限公司，民國 85 年 10 月。

28. 《中國思想史》，韋政通，臺北，水牛圖書出版公司，民國 89 年 3 月一二版。

29. 《中國文學發展史》，劉大杰，臺北，華正書局，民國 89 年 8 月。

30. 《思想方法五講新編》，勞思光著、劉國英編，香港，中文大學出版社，2000 年。

31. 《歷代名人年譜》，吳榮光，北京，北京圖書館出版社，2002 年 11 月。

32. 《中國人性史論》·先秦篇，徐復觀，臺北，臺灣商務印書館，民國 92 年 10 月。

33. 《新編中國哲學史》，勞思光，臺北，三民書局，民國 93 年 1 月三版。

34. 《宋明理學與政治文化》，余英時，臺北，允晨文化公司，民國 93 年 7 月。

二、學位論文類（依出版先後排序）

1. 《文中子中說考述》，劉巧玲，臺北縣，輔仁大學中國文學研究所碩士論文，民國 61 年 5 月。

2. 《文中子中說政治思想探究》，盧用章，高雄，高雄師範大學國文研究所碩士論文，民國 88 年 6 月。

3. 《王通經世思想之研究》，戴鳳如，桃園，中央大學中國文學研究所碩士論文，民國 93 年 5 月。

4. 《文中子考論》，李小成，甘肅蘭州，西北師範大學文學院博士學位論文，2005 年 5 月。

5. 《王通與貞觀詩風》，張漢中，河南，河南大學碩士學位論文，2005 年 5 月。

三、期刊論文類（依出版先後排序）

1. 〈王通教育思想研究〉，余書麟，《臺灣教育輔導月刊》，第一二卷第四期，民國 59 年 4 月。

2. 〈文中子著述版本考，駱建人，《臺北商專學報》，第三期，民國 63 年 1 月。

3. 〈文中子的哲學〉，宇野哲人，《中華文化復興月刊，第八卷第九期，民國 64 年 9 月。

4. 〈文中子學述二編〉，駱建人，《臺北商專學報》，第七期，民國 65 年 5 月。

5. 〈王通之思想及其影響〉，章群，《中華文化復興月刊》，第一〇卷第二期，民國 66 年 2 月。

6. 〈中外教育史上兩位偉大的輔導老師──王通與亞里斯多德〉，吳鼎，《輔導月刊》，第十四卷三、四、五期合刊本，民國 67 年 1 月。

7. 〈隋末大儒王通〉，沈秋雄，《中華文化復興月刊》，第一二卷第一〇期，民國 68 年 10 月。

8. 〈文中子研究〉，王昆華，《復興崗學報》，第二八期，民國 71 年 12 月。

9. 〈王通的教育觀〉，陳美利，《國教世紀》，第一八卷第一一期，民國 72 年 5 月。

10. 〈北朝最後的儒者──王通，龔鵬程〉，《幼獅學誌》，第二〇卷第二期，民國 77 年 10 月。

11. 〈《隋書》不載王通考〉，鄧小軍，《四川師範大學學報》，第二一卷第三期，1994 年 7 月。

12. 〈王通的教育思想〉，徐書業，《孔孟月刊》，第三四卷第四期，民國 84 年 12 月。

13. 〈王通教育教學的三個特點〉，王相民，《陝西教育》，第三期，1996 年。

14. 〈王通生平著述考〉，陳啓智，《東岳論叢》，第六期，1996 年。

15. 〈從《中說》看王通的思想體系〉，劉寬亮，《運城學院學報》，第一五卷第一期，1997 年。

16. 〈論王通在儒家思想發展史上的三大貢獻〉，李金河，《中華文化論壇》，第二期，1998 年。

17. 〈王通門人辨疑〉，徐朔方，《浙江大學學報》，第二九卷第四期，1999 年 8 月。

18. 〈論王通的道德修養觀〉，段承校，《西北成人教育學報》，第二期，2000 年。

19. 〈中道──王通哲學的基石〉，景云，《船山學刊》，第四期，2000 年。

20. 〈略論王通的「文以明道」思想〉，劉寬亮，《運城高等專科學校學報》，第一八卷第二期，2000 年。

21. 〈王通教育思想探析〉，楊秋梅，《山西師大學報》，第二九卷第四期，2002 年 10 月。

22. 〈范仲淹與宋代儒學的復興〉，李存山，《哲學研究》，第一〇期，2003 年。

23. 〈王通與經學更新〉，孫昊、李靜合撰，《江淮論壇》，第三期，2003 年。

24. 〈慶曆新政與熙寧變法〉，李存山，《中州學刊》，第一期，2004 年 1 月。

25. 〈試論王通《中說》之「道」觀〉，董虹凌，《華南理工大學學報》，第六卷第二期，2004 年 4 月。

26. 〈王通的《續詩》與《詩經》〉，李小成，《齊魯學刊》，第六期，2004 年。

27. 〈論王通哲學對宋明理學的開啓〉，景云，《晉陽學刊》，第二期，2004 年。

28. 〈略論王通的文學思想〉，尤煒、李蔚合撰，《南京師範大學文學院學報》，第二期，2005 年 6 月。

29. 〈王通主體思想管窺〉，王明欽，《史學月刊》，第十一期，2005 年。

30. 〈淺論「河汾道統」說的影響〉，常裕，《中國哲學史》，第三期，2005 年。

31. 〈王通及其《文中子》辨析〉，羅維明，《臺州學院學報》，第二八卷第一期，2006 年 2 月。

32. 〈王通《春秋》學考述〉，李建軍，《西華大學學報》，第三期，2006 年 6 月。